NOUVEAU MODE DE PROCÉDURE

A SUIVRE DEVANT LES

CONSEILS DE PRÉFECTURE

LOIS, DÉCRETS ET CIRCULAIRES

RELATIFS A LEURS ATTRIBUTIONS.

Réorganisation d'après les Décrets du 30 décembre 1862
et du 12 juillet 1865,

Par Édouard BRUNEL,

Secrétaire-Greffier Adjoint du Conseil de Préfecture des Bouches-du-Rhône.

MARSEILLE.

TYP. ET LITH. BARLATIER-FEISSAT ET DEMONCHY,
Rue Venture, 19.

—

1867.

NOUVEAU MODE DE PROCÉDURE

A SUIVRE DEVANT LES

CONSEILS DE PRÉFECTURE.

NOUVEAU MODE DE PROCÉDURE

A SUIVRE DEVANT LES

CONSEILS DE PRÉFECTURE

———

LOIS, DÉCRETS ET CIRCULAIRES

RELATIFS A LEURS ATTRIBUTIONS.

————

Réorganisation d'après les Décrets du 30 décembre 1862
et du 12 juillet 1865,

Par Édouard BRUNEL,

Secrétaire-Greffier Adjoint du Conseil de Préfecture des Bouches-du-Rhône.

MARSEILLE.

TYP. ET LITH. BARLATIER-FEISSAT ET DEMONCHY,
Rue Venture, 19.

—

1867.

PRÉFACE.

En l'absence de règles définitives sur la procédure
à suivre devant les conseils de préfecture, Messieurs les
Avocats des barreaux de Marseille et d'Aix m'ont souvent
manifesté le regret de ne pouvoir adopter une marche
uniforme dans l'introduction des affaires, et la série des
formalités à remplir pour les amener à leur entière
solution.

La publication de cet ouvrage m'a paru devoir corres-
pondre à leur désir.

Son but est essentiellement pratique ; je n'ai eu en
vue que de faciliter la recherche des lois, décrets et
circulaires relatifs à la procédure administrative, en les
groupant par ordre et en les accompagnant de quelques
développements utiles pour l'application des dernières
instructions.

PREMIÈRE PARTIE.

Les conseils de préfecture ont été institués par la loi du 28 pluviôse an VIII.

Extrait de la loi concernant la division du territoire de la République et l'administration.

TITRE II.

Administration.

Art. 2. Il y aura, dans chaque département, un préfet, un conseil de préfecture et un conseil général de département, lesquels rempliront les fonctions exercées maintenant par les administrations et commissaires de département.

Le conseil de préfecture sera composé de cinq membres . . . .
. . . . dans les départements ci-après nommés :
. . . ., Seine . . . .

Art. 4. Le conseil de préfecture prononcera :

Sur les demandes de particuliers tendant à obtenir la décharge ou la réduction de leur cote de contributions directes ;

Sur les difficultés qui pourraient s'élever entre les entrepreneurs de travaux publics et l'administration, concernant le sens ou l'exécution des clauses de leurs marchés ;

Sur les réclamations des particuliers qui se plaindront des torts et dommages procédant du fait personnel des entrepreneurs et non du fait de l'administration ;

Sur les demandes et contestations concernant les indemnités dues aux particuliers, à raison des terrains pris ou fouillés pour la confection des chemins, canaux et autres ouvrages publics ;

Sur les difficultés qui pourront s'élever en matière de grande voirie ;

Sur les demandes qui seront présentées par les communautés des villes, bourgs ou villages, pour être autorisées à plaider ;

Enfin sur le contentieux des domaines nationaux.

Art. 5. Lorsque le préfet assistera au conseil de préfecture, il présidera; en cas de partage, il aura voix prépondérante.

. . . .

Art. 18. Le premier consul nommera . . . . les conseillers de préfecture . . . .

Signé : BONAPARTE , premier consul.

Contre-signé : le Secrétaire d'État, HUGUES B. MARET

et scellé du sceau de l'État.

Vu : le Ministre de la justice, signé ABRIAL.

Arrêté relatif aux délibérations des Conseils de Préfecture.

(19 fructidor an IX.)

LES CONSULS DE LA RÉPUBLIQUE, sur le rapport du Ministre de l'intérieur, le Conseil d'État entendu,

Arrêtent :

Art. 1er. Les conseils de préfecture ne pourront prendre aucune délibération si les membres ne sont au moins au nombre de trois. Le préfet, lorsqu'il assistera à la séance, comptera pour compléter les membres nécessaires pour délibérer.

Art. 2. En cas de partage ou d'insuffisance du nombre des membres du conseil, ils seront remplacés de la manière suivante :

Art. 3. Les membres restant au conseil de préfecture désigneront, à la pluralité des voix, un des membres du conseil général de département, qui siégera avec ceux du conseil de préfecture, soit qu'il faille compléter le nombre nécessaire pour délibérer ou vider un partage. Le choix ne pourra jamais tomber sur les membres des tribunaux qui font partie des conseil généraux de département.

Art. 4. En cas de partage sur le choix du suppléant, la voix du préfet, s'il assiste à la séance, ou du plus ancien d'âge des conseillers, si le préfet n'est pas à la séance du conseil, aura la prépondérance.

Art. 5. Si le préfet est absent du chef-lieu ou du département, celui qui le remplacera aura, dans tous les cas, voix prépondérante comme le préfet lui même.

Art. 6. Le service des suppléants au conseil de préfecture sera gratuit, en cas de récusation, maladie ou partage ; en cas d'absence, le suppléant aura droit, proportionnellement au temps de son service, à la moitié du traitement de celui qu'il remplacera.

Art. 7. Le ministre de l'intérieur est chargé de l'exécution du présent arrêté qui sera inséré au Bulletin des lois.

Le premier Consul, signé : BONAPARTE.

Par le premier Consul,

Le Secrétaire d'État, signé : Hugues B. Maret.

Le Ministre de l'intérieur, signé : Chaptal.

Décret impérial concernant la manière dont peuvent être suppléés les membres des Conseils de Préfecture en cas d'empêchement de la totalité.

A Bayonne, le 16 juin 1808.

Napoléon, Empereur des Français, Roi d'Italie et Protecteur de la Confédération du Rhin,

Sur le rapport de notre Ministre de l'intérieur ;

Vu l'arrêté du Gouvernement du 19 fructidor an IX,

Notre Conseil d'Etat entendu,

Nous avons décrété et décrétons ce qui suit :

Art. 1er. Les membres des conseils de préfecture qui, tous à la fois, seraient forcément empêchés d'exercer leurs fonctions, seront suppléés par un égal nombre de membres du conseil général autres que ceux qui seraient en même temps juges dans nos tribunaux.

Art. 2. Seront désignés par notre Ministre de l'intérieur les membres du conseil général, sur la présentation du préfet.

Art. 3. Notre Ministre de l'intérieur est chargé de l'exécution du présent décret.

Signé : NAPOLÉON.

Par l'Empereur,
Le Ministre Secrétaire d'État, signé : HUGUES B. MARET.

Le 30 décembre 1862, M. de Persigny, Ministre de l'Intérieur, adressait le rapport suivant à l'Empereur :

Rapport du Ministre de l'intérieur à l'Empereur sur le projet de réorganisation des Conseils de Préfecture de l'empire.

SIRE,

L'Empereur Napoléon 1ᵉʳ disait dans une discussion au conseil d'État : « Il y a un grand vice dans le jugement des affaires contentieuses, c'est qu'elles sont jugées sans entendre les parties. »

L'ordonnance du 2 février 1831 a modifié la procédure suivie devant le conseil d'État, mais elle n'a pas été rendue applicable aux conseils de préfecture.

Ces conseils statuent chaque année sur plus de 200,000 affaires qui concernent notamment les travaux publics, la grande voirie, les chemins vicinaux, les contributions, les élections, les cours d'eau, les mines, les établissements insalubres et la comptabilité communale. Sur ces matières, ils forment le premier degré de la juridiction administrative, mais les justiciables regrettent de ne pas trouver auprès d'eux toutes les garanties qui leur assurent au conseil d'État, depuis trente ans, la création d'un commissaire du gouvernement, la présence des parties et la publicité des audiences.

Le moment me paraît venu, Sire, de mettre un terme à cette situation exceptionnelle, qui n'est en rapport ni avec les principes qui président à notre organisation judiciaire, ni avec les idées et les exigences de notre temps. J'apprécie l'importance des services rendus par les conseils de préfecture, la haute impartialité de leurs jugements, le savoir et le zèle des magistrats qui s'honorent d'y prolonger leur carrière; mais il est impossible de méconnaître l'avantage des débats publics et contradictoires. La justice aime à s'appuyer sur l'opinion, et son autorité gagne à se trouver en contact direct avec les citoyens dont elle règle les intérêts et termine les différents.

J'ai l'honneur de soumettre à Votre Majesté les propositions suivantes :

À l'avenir, les séances des conseils de préfecture, statuant sur les affaires contentieuses, seraient publiques. Les parties seraient admises à y présenter leurs observations en personne ou par mandataire. Cette innovation, consacrée déjà par la pratique dans trois départements, permet d'atteindre le but essentiel en pareille matière, c'est-à-dire de rendre, à peu de frais, bonne et prompte justice.

La publicité des audiences serait une mesure défectueuse si, en donnant satisfaction aux parties, elle laissait l'administration désarmée devant elle. Il importe que, dans chaque affaire, une voix autorisée puisse s'élever dans l'intérêt de la loi et revendiquer les droits de l'État; il est donc nécessaire de créer auprès des conseils de préfecture un ministère public. Le commissaire du gouvernement prendrait des conclusions dans toute question contentieuse, il veillerait à l'exacte observation des lois et des règles de la jurisprudence. Son intervention contribuerait, sans aucun doute, à réduire le nombre des infirmations et, par suite, il est permis de l'espérer, celui des recours devant la juridiction supérieure.

Cette création n'entraînerait aucune charge nouvelle pour le budget. Les fonctions de commissaire du gouvernement seraient confiées au secrétaire général de chaque préfecture. C'est le moyen le plus simple de constituer, sans accroissement de dépense, un ministère public assez haut placé pour inspirer confiance aux justiciables et assez expérimenté pour faire prévaloir un corps de doctrines.

L'application de cette mesure dans les départements qui ne comptent que trois conseillers n'aurait pas l'inconvénient d'en réduire le nombre au-dessous du chiffre nécessaire pour délibérer, puisque le préfet, aux termes de l'arrêté du 19 fructidor an IX, fait partie du conseil, et qu'à son défaut un suppléant prendrait sa place. J'attache, d'ailleurs, une véritable importance à la présence des préfets dans le sein des conseils de préfecture ils en ont la présidence, et c'est pour eux un impérieux devoir de remplir toutes les obligations qu'elle leur impose. On n'a donc pas à craindre que le nombre des juges soit insuffisant ; réduit à trois dans quelques conseils, il sera encore égal à celui des magistrats de l'ordre judiciaire dans la plupart des circonscriptions, et ni l'importance ni la multiplicité des affaires n'exigent qu'on l'augmente au delà des limites fixées pour les tribunaux ordinaires.

Enfin, pour compléter cette organisation, un greffe serait établi près de chaque conseil de préfecture ; tous les dossiers y seraient déposés, les communications nécessaires y seraient faites aux intéressés, et un registre spécial permettrait de suivre le mouvement des affaires. Le greffier serait désigné par le préfet et choisi parmi les employés de la préfecture.

Quant aux formes relatives à l'introduction des instances, à l'instruction et à la décision des affaires, elles ont été établies soit par des actes législatifs, soit par la jurisprudence du conseil d'Etat. Elles réunissent toutes les conditions d'une procédure à la fois simple, sommaire et peu dispendieuse. Je ne verrais que des inconvénients à changer un ensemble de règles éprouvées par un long usage et qui répond partout aux besoins et aux vœux des justiciables.

Telles sont, Sire, les principales dispositions du décret soumis à Votre Majesté. Si elle daigne les agréer, la juridiction des conseils de préfecture n'aura plus rien à envier à celle du conseil d'Etat ; les affaires contentieuses seront entourées, en première instance comme en appel, des formes protectrices de la même procédure. Sans doute, la publicité provoque le contrôle, mais l'administration française ne redoute pas cette épreuve, et je vais au-devant de ses désirs en proposant à Votre Majesté de décréter la publicité des audiences et le droit pour les parties d'être entendues avant d'être jugées.

Cette sage et utile réforme sera accueillie avec faveur par les populations, auxquelles elle montrera une fois de plus le profond respect de l'Empereur pour les grands principes qui sont le fondement de notre droit public et la base de la constitution de l'Empire.

Je suis avec le plus profond respect,

Sire,

De Votre Majesté

Le très-obéissant, très-dévoué, très-fidèle serviteur et sujet,

Le Ministre de l'intérieur,

F. DE PERSIGNY.

Décret de réorganisation des Conseils de Préfecture.

NAPOLÉON, par la grâce de Dieu et la volonté nationale, Empereur des Français,

A tous présents et à venir, salut :

Sur le rapport de notre ministre de l'intérieur ;

Vu la loi du 28 pluviôse an VIII (1) ;

Vu l'arrêté du 19 fructidor an IX (1) :

Vu le décret du 16 juin 1808 (1),

Avons décrété et décrétons ce qui suit :

Art. 1er. A l'avenir, les audiences des conseils de préfecture, statuant sur les affaires contentieuses, seront publiques.

Art. 2. Après le rapport qui sera fait sur chaque affaire par un des conseillers, les parties pourront présenter leurs observations, soit en personne, soit par mandataire.

_____

(1) Voir l'extrait de la loi du 28 pluviôse an VIII, l'arrêté du 19 fructidor an IX et le décret du 16 juin 1808, insérés pages 7, 8 et 9.

La décision motivée sera prononcée en audience après délibéré hors la présence des parties.

Art. 3. Le secrétaire général de la préfecture remplira les fonctions de commissaire du gouvernement.

Il donnera ses conclusions dans les affaires contentieuses.

Les auditeurs au conseil d'Etat attachés à une préfecture pourront y être chargés des fonctions du ministère public.

Art. 4. En cas d'insuffisance du nombre des membres nécessaires pour délibérer, il y sera pourvu conformément à l'arrêté du 19 fructidor an IX et au décret du 16 juin 1808.

Art. 5. Il y aura auprès de chaque conseil un secrétaire-greffier nommé par le préfet et choisi parmi les employés de la préfecture.

Art. 6. Les comptes de receveurs des communes et des établissements de bienfaisance ne seront pas jugés en séance publique.

Art. 7. Notre ministre de l'intérieur est chargé de l'exécution du présent décret.

Fait au palais des Tuileries, le 30 décembre 1862.

Signé : NAPOLÉON.

Par l'Empereur,

Le Ministre de l'intérieur,

F. DE PERSIGNY.

EXÉCUTION DU DÉCRET DU 30 DÉCEMBRE 1862.

Circulaire de la direction générale de l'administration départementale et communale.

Paris, le 17 janvier 1863.

MONSIEUR LE PRÉFET, le décret du 30 décembre dernier, qui étend aux conseils de préfecture les formes depuis longtemps consacrées, en matière contentieuse, devant la haute juridiction du conseil d'Etat, ne change rien aux règles suivies antérieurement quant à l'introduction des instances, à l'instruction et à la décision des affaires.

Assurer aux parties les avantages d'un débat public et contradictoire et suivre, autant qu'il est possible, le mode de procédure tracé par les règlements intérieurs du conseil d'État (ordonnance du 2 février 1831. — Décret du 30 janvier 1852); tel est le sens et la portée des nouvelles dispositions que l'Empereur vient d'approuver.

Le règlement intérieur du conseil d'État (30 janvier 1852) s'occupe d'abord de l'établissement d'un rôle pour chaque séance publique (art. 17). Un rôle analogue doit être tenu pour les audiences des conseils de préfecture.

C'est à vous qu'il appartient, Monsieur le Préfet, d'ordonner l'inscription sur ce rôle des affaires à soumettre au conseil, suivant le caractère d'urgence qu'elles vous paraîtraient présenter. C'est vous qui désignerez les rapporteurs.

Les obligations de présence et de costume mentionnées en l'article 18 sont de droit commun.

Après le rapport fait par un des conseillers, les parties peuvent présenter leurs observations, soit en personne, soit par mandataires.

Les articles 88 et suivants du Code de procédure civile sont applicables à la tenue des séances des conseils de préfecture.

L'institution d'un ministère public est la conséquence nécessaire de la publicité donnée aux audiences. La mission de prendre des conclusions et de veiller à la stricte observation des lois et des règles de la jurisprudence est confiée au secrétaire général de la préfecture qui en remplit les fonctions. Les auditeurs au conseil d'État, attachés aux préfectures, pourront, avec mon autorisation, être chargés du ministère public.

Pour maintenir la célérité dans l'expédition des affaires et ne pas altérer le caractère de la juridiction administrative, les conclusions du commissaire du gouvernement devront être présentées, ainsi que les observations des parties, sous une forme sommaire. Quant à l'instruction des affaires, elle reste essentiellement écrite devant les conseils de préfecture comme devant le conseil d'État.

L'établissement d'un greffe ou secrétariat spécial auprès du conseil de préfecture était indispensable.

L'article 5 du décret y pourvoit en disposant qu'un secrétaire-greffier sera nommé par le préfet et choisi parmi les employés de ses bureaux ; c'est la généralisation d'une mesure qui existe déjà dans plusieurs départements.

Le greffier devra tenir un registre dans lequel seront inscrites toutes les affaires au moment où elles seront présentées au greffe.

Ce registre contiendra le numéro d'ordre, la date de la remise au greffe, les noms des parties, le sommaire de l'affaire, les avertissements, communications, oppositions et la date des décisions ou arrêtés. Il mentionnera la remise des dossiers au rapporteur et le récépissé des pièces communiquées ou remises aux parties.

Le greffier sera chargé, en outre, de tenir le registre des arrêtés du conseil de préfecture.

Je ne crois pas avoir besoin, Monsieur le Préfet, d'entrer dans plus de détails ; je me borne à vous signaler, quant à présent, les points principaux sur lesquels votre attention devait être particulièrement appelée.

Vous aurez soin, dès la réception de cette circulaire, de préparer un arrêté prescrivant les mesures nécessaires pour l'exécution du décret.

Cet arrêté me sera transmis, et vous le publierez dès qu'il aura reçu mon approbation.

Il importe que ce travail me parvienne dans le plus bref délai.

Je désire recevoir chaque année, avant le 1er février, un état conforme au tableau ci-joint des affaires contentieuses portées devant le conseil de préfecture de votre département.

Ce tableau indiquera, par nature d'affaires, le nombre :

1° De chacune d'elles ;

2° De celles qui auront été jugées par défaut ;

3° De celles qui auront été jugées, les parties entendues en personne ou par mandataire ;

4° De celles qui restent à juger.

J'attache, vous le comprendrez, Monsieur le Préfet, le plus sérieux intérêt à l'exécution du décret du 30 décembre.

Je serais heureux, en mettant chaque année sous les yeux de l'Empereur, le compte-rendu de la justice administrative, de signaler à Sa Majesté, d'une manière spéciale, les titres nouveaux que les fonctionnaires administratifs auront su acquérir à sa confiance, dans la sphère d'action que le décret leur attribue.

Recevez, etc.

Le Ministre de l'intérieur,
Pour le Ministre et par autorisation :
Le Conseiller d'État, directeur général.
Signé : THUILLIER.

Loi relative aux Conseils de Préfecture.

(21 juin 1865.)

ART. 1ᵉʳ. Le conseil de préfecture est composé de huit membres, y compris le président, dans le département de la Seine; de quatre membres dans les départements suivants : Aisne, Bouches-du-Rhône, Calvados, Charente-Inférieure,. Côtes-du-Nord, Dordogne, Eure, Finistère, Gard, Haute-Garonne, Gironde, Hérault, Ille-et-Vilaine, Isère, Loire, Loire-Inférieure, Maine-et-Loire, Manche, Meurthe, Morbihan, Moselle, Nord, Orne, Pas-de-Calais, Puy-de-Dôme, Bas-Rhin, Rhône, Saône-et-Loire, Seine-Inférieure, Seine-et-Oise, Somme, et de trois membres dans les autres départements.

2. Nul ne peut être nommé conseiller de préfecture s'il n'est âgé de vingt-cinq ans accomplis, s'il n'est, en outre, licencié en droit, ou s'il n'a rempli, pendant dix ans au moins, des fonctions rétribuées dans l'ordre administratif ou judiciaire, ou bien s'il n'a été, pendant le même espace de temps, membre d'un conseil général ou maire.

3. Les fonctions de conseiller de préfecture sont incompatibles avec un autre emploi public et avec l'exercice d'une profession.

4. Chaque année, un décret de l'Empereur désigne, pour chaque département, celui de la Seine excepté, un conseiller de préfecture qui devra présider le conseil en cas d'absence ou d'empêchement du préfet.

5. Il y a, dans chaque préfecture, un secrétaire général titulaire.

Il remplit les fonctions de commissaire du Gouvernement. Il donne ses conclusions dans les affaires contentieuses.

Les auditeurs au conseil d'Etat attachés à une préfecture peuvent y être chargés des fonctions du ministère public.

6. En cas d'insuffisance du nombre des membres nécessaires pour délibérer, il y est pourvu conformément à l'arrêté du 19 fructidor an IX et au décret du 16 juin 1808.

7. Il y a, auprès de chaque conseil, un secrétaire-greffier nommé par le préfet et choisi parmi les employés de la préfecture.

8. Les séances des conseils de préfecture statuant sur les affaires contentieuses sont publiques.

9. Après le rapport, qui est fait sur chaque affaire par un des conseillers, les parties peuvent présenter leurs observations, soit en personne, soit par mandataire.

La décision motivée est prononcée en audience, après délibéré hors la présence des parties.

2*

10. Les comptes des receveurs des communes et des établissements de bienfaisance ne sont pas jugés en séance publique.

11. A l'avenir, seront portées devant les conseils de préfecture toutes les affaires contentieuses dont le jugement est attribué au préfet en conseil de préfecture, sauf recours au conseil d'État.

12. Le recours au conseil d'État, contre les arrêtés des conseils de préfecture relatifs aux contraventions dont la répression leur est confiée par la loi, peut avoir lieu par simple mémoire, déposé au secrétariat général de la préfecture ou à la sous-préfecture, et sans l'intervention d'un avocat au conseil d'État.

Il est délivré au déposant récépissé du mémoire, qui doit être transmis immédiatement, par le préfet, au secrétariat général du conseil d'État.

13. Sont applicables aux conseils de préfecture les dispositions de l'article 85 et des articles 88 et suivants du titre V du Code de procédure civile, et celles de l'article 1036 du même code.

14. Un règlement d'administration publique déterminera provisoirement :

1° Les délais et les formes dans lesquels les arrêtés contradictoires ou non contradictoires des conseils de préfecture peuvent être attaqués ;

2° Les règles de la procédure à suivre devant les conseils de préfecture, notamment pour les enquêtes, les expertises et les visites de lieux ;

3° Ce qui concerne les dépens.

Il sera statué par une loi dans un délai de cinq ans.

Rapport adressé à l'Empereur le 12 juillet 1865 par M. De Lavalette, Ministre de l'intérieur.

Sire ,

Le décret du 30 décembre 1862, par lequel Votre Majesté a décidé qu'à l'avenir les séances des conseils de préfecture, statuant sur les affaires contentieuses , seraient publiques, devait être le point de départ d'une série d'utiles réformes dans l'organisation et le mode de procéder de ces conseils.

La loi du 21 juin dernier, en consacrant les règles posées dans le décret du 30 décembre 1862 , a déterminé le nombre de membres des conseils de préfecture et les conditions d'aptitude qu'ils doivent réunir, et elle a établi dans chaque préfecture un secrétaire général qui est notamment chargé de remplir les fonctions de commissaire du Gouvernement et de donner ses conclusions dans les affaires contentieuses.

Mais ces mesures attendent un complément : je veux parler des règles relatives à la procédure qui doit être suivie par les parties et par les conseils de préfecture pour l'introduction et pour le jugement des affaires.

Ces règles n'ont pas toutes le même caractère et la même importance. Les unes sont en quelque sorte des mesures d'ordre, à savoir tout ce qui concerne l'introduction des affaires devant le conseil de préfecture, la formation des dossiers, les communications aux administrations et aux parties intéressées , l'organisation de la séance publique, la rédaction, l'expédition et la conservation des décisions prises par le conseil.

Les autres mesures ont une portée plus considérable et une plus grande influence sur les droits des parties. Il s'agit des moyens à employer par le conseil de préfecture pour s'éclairer sur les faits contestés devant lui ; enquêtes, expertises, visites de lieux ; des conditions dans lesquelles doivent être rendues les diverses espèces de décisions ; des formes et des délais dans lesquels elles peuvent être attaquées ; enfin des dépens.

Pour cette seconde catégorie de règles , la loi du 21 juin 1865 dispose, dans son art. 14 , qu'elles seront établies provisoirement par un règlement d'administration publique , et qu'il sera statué par une loi dans le délai de cinq ans.

Le conseil d'Etat va être prochainement appelé à préparer ce règlement, qui exige des études approfondies.

Quant aux mesures plus simples que j'ai indiquées en premier lieu, et qu'il appartient à l'Empereur de prescrire, en vertu des pouvoirs qu'il tient de l'art. 6 de la Constitution , elles sont l'objet du projet de décret que j'ai l'honneur de soumettre à l'approbation de Votre Majesté.

Ce projet de décret a été délibéré par le conseil d'Etat en 1864 ; mais il avait paru convenable d'attendre, pour le publier, que la loi nouvelle sur les conseils de préfecture fût adoptée et promulguée.

Il importe aujourd'hui de le mettre à exécution pour remplacer , par des règles générales applicables à tout l'Empire, les règlements provisoires édictés dans chaque département par les préfets , et qui diffèrent entre eux sur certains points.

Votre Majesté remarquera qu'on s'est appliqué dans ce décret à simplifier autant que possible les règles de procédure qui ont paru nécessaires, et à.éviter les frais tout en assurant aux parties les moyens de profiter du bénéfice de la publicité des séances. Ainsi cette précieuse garantie que les justiciables des conseils de préfecture doivent au Gouvernement de l'Empereur ne leur aura fait perdre aucun des avantages qu'offrait déjà, au point de vue de la simplicité et de l'économie, la procédure suivie devant ces conseils.

Je suis, avec le plus profond respect, Sire, de Votre Majesté, le très-obéissant, très-dévoué et très-fidèle serviteur et sujet.

Le ministre de l'intérieur,

La Valette.

DÉCRET.

Napoléon, etc.,

Avons décrété et décrétons ce qui suit :

Art. 1ᵉʳ. Les requêtes et mémoires introductifs d'instance, et en général toutes les pièces concernant les affaires sur lesquelles le conseil de préfecture est appelé à statuer par la voie contentieuse, doivent être déposés au greffe du conseil.

Ces pièces sont inscrites à leur arrivée sur le registre d'ordre, qui doit être tenu par le secrétaire-greffier ; elles sont en outre marquées d'un timbre qui indique la date de l'arrivée.

2. Immédiatement après l'enregistrement des requêtes et mémoires introductifs d'instance, le préfet ou le conseiller qui le remplace désigne un rapporteur auquel le dossier de l'affaire est transmis dans les vingt-quatre heures.

3. Le rapporteur est chargé, sous l'autorité du conseil de préfecture, de diriger l'instruction de l'affaire ; il propose les mesures et les actes d'instruction.

Avant tout, il doit vérifier si les pièces dont la production est nécessaire pour le jugement de l'affaire sont jointes au dossier.

4. Sur la proposition du rapporteur, le conseil de préfecture règle les communications à faire aux parties intéressées, soit des requêtes et mémoires introductifs d'instance, soit des réponses à ces requêtes et mémoires.

Il fixe, eu égard aux circonstances de l'affaire, le délai qui est accordé aux parties pour prendre communication des pièces et fournir leur défenses ou réponses.

5. Les décisions prises par le conseil pour l'instruction des affai-

res dans les cas prévus par l'article précédent sont notifiées aux parties dans la forme administrative.

Il est donné récépissé de cette notification.

A défaut de récépissé, il est dressé procès-verbal de la notification par l'agent qui l'a faite.

Le récépissé ou le procès-verbal est transmis immédiatement au greffe du conseil de préfecture.

6. Lorsque les parties sont appelées à fournir des défenses sur les requêtes ou mémoires introductifs d'instance, comme il est dit en l'article 4 ci-dessus, ou à fournir des observations en vertu de l'article 29 de la loi du 21 avril 1832, elles doivent être invitées en même temps à faire connaître si elles entendent user du droit de présenter des observations orales à la séance publique où l'affaire sera portée pour être jugée.

7. La communication aux parties se fait au greffe sans déplacement des pièces.

8. Lorsqu'il s'agit de contraventions, il est procédé comme il suit, à moins qu'il n'ait été établi d'autres règles par la loi :

Dans les cinq jours qui suivent la rédaction d'un procès-verbal de contravention et son affirmation quand elle est exigée, le sous-préfet fait faire au contrevenant notification de la copie du procès-verbal, ainsi que de l'affirmation, avec citation devant le conseil de préfecture.

La notification et la citation sont faites dans la forme administrative.

La citation doit indiquer au contrevenant qu'il est tenu de fournir ses défenses écrites dans le délai de quinzaine à partir de la notification qui lui est faite, et l'inviter à faire connaître s'il entend user du droit de présenter des observations orales.

Il est dressé acte de la notification et de la citation ; cet acte doit être envoyé immédiatement au sous-préfet ; il est adressé par lui, sans délai, au préfet, pour être transmis au conseil de préfecture et y être enregistré comme il est dit en l'article premier.

Lorsque le rapporteur a été désigné, s'il reconnaît que les formalités prescrites dans les troisième et quatrième alinéas du présent article n'ont pas été remplies, il en réfère au conseil pour assurer l'accomplissement de ces formalités.

9. Lorsque l'affaire est en état de recevoir une décision, le rapporteur prépare le rapport et le projet de décision.

10. Le dossier, avec le rapport et le projet de décision, est remis au secrétaire-greffier, qui le transmet immédiatement au commissaire du gouvernement.

·11. Le rôle de chaque séance publique est arrêté par le préfet ou par le conseiller qui le remplace, sur la proposition du commissaire du gouvernement.

12. Toute partie qui a fait connaître l'intention de présenter des observations orales doit être avertie, par lettre non affranchie, à son domicile ou à celui de son mandataire ou défenseur, lorsqu'elle en a désigné un, du jour où l'affaire sera appelée en séance publique. Cet avertissement sera donné quatre jours au moins avant la séance.

13. Les arrêtés pris par les conseils de préfecture dans les affaires contentieuses mentionnent qu'il a été statué en séance publique.

Ils contiennent les noms et conclusions des parties, le vu des pièces principales et des dispositions législatives dont ils font l'application.

Mention y est faite que le commissaire du gouvernement a été entendu.

Ils sont motivés.

Les noms des membres qui ont concouru à la décision y sont mentionnés.

La minute est signée par le président, le rapporteur et le secrétaire-greffier.

14. La minute des décisions des conseils de préfecture est conservée au greffe pour chaque affaire, avec la correspondance et les pièces relatives à l'instruction. Les pièces qui appartiennent aux parties leur sont remises sur récépissé, à moins que le conseil de préfecture n'ait ordonné que quelques-unes de ces pièces resteraient annexées à sa décision.

15. L'expédition des décisions est délivrée aux parties intéressées par le secrétaire-général.

Le préfet fait transmettre aux administrations publiques expédition des décisions dont l'exécution rentre dans leurs attributions.

16. Les décisions des conseils de préfecture doivent être transcrites, par ordre de date, sur un registre dont la tenue et la garde sont confiées au secrétaire-greffier. Tous les trois mois le président du conseil s'assure que ce registre est à jour.

17. Lorsque la section du contentieux du conseil d'Etat pense qu'il est nécessaire, pour l'instruction d'une affaire dont l'examen lui est soumis, de se faire représenter des pièces qui sont déposées au greffe d'un conseil de préfecture, le président de la section fait la demande de ces pièces au préfet.

Le secrétaire de la section adresse au secrétaire-greffier un récépissé des pièces communiquées : il sera fait renvoi du récépissé lorsque les pièces auront été rétablies au greffe du conseil de préfecture.

18. Notre ministre de l'intérieur est chargé de l'exécution du présent décret.

Fait au palais des Tuileries, le 12 juillet 1865.

NAPOLÉON.

Par l'Empereur :

Le Ministre de l'intérieur,

LA VALETTE.

Circulaire du Ministre de l'intérieur à MM. les Préfets.

Paris, le 21 juillet 1865.

MONSIEUR LE PRÉFET,

Le *Moniteur* a porté à votre connaissance le décret du 12 juillet dernier, qui détermine un certain nombre de règles relatives à la procédure des conseils de préfecture, et qui doit désormais remplacer l'arrêté que vous avez pris, à titre provisoire, sur le même objet, à la suite du décret du 20 décembre 1862.

Bien que les dispositions du nouveau décret s'expliquent d'elles-mêmes, et que la portée en soit facile à saisir, je crois néanmoins devoir appeler votre attention sur l'idée générale qui y a présidé et sur quelques-unes des mesures qui y sont prescrites.

Il a été longtemps d'usage que l'instruction des affaires contentieuses sur lesquelles les conseils de préfecture avaient à statuer fût dirigée presque en entier par le préfet, sur la proposition de ses bureaux. Ce mode de procéder, qui s'expliquait par l'absence d'un greffe auprès de ces conseils, *a dû cesser avec l'institution du secrétaire-greffier, chargé par le décret du 30 décembre 1862, de recevoir toutes les affaires soumises au Conseil de préfecture.* La réforme déjà inaugurée sur ce point par plusieurs préfets a reçu du décret du 12 juillet dernier une consécration définitive. Désormais, les demandes des parties doivent être déposées au greffe, et c'est au conseil de préfecture à ordonner les divers actes de procédure dont ce dépôt est le point de départ.

Les bureaux n'ont plus à intervenir dans l'instruction des affaires; ils n'en connaîtront que sur le renvoi qui peut leur en être fait par le conseil de préfecture, soit pour fournir des renseignements, soit pour produire des défenses.

L'article 1er du décret porte que les pièces sont, à leur arrivée, inscrites sur un registre d'ordre et marquées d'un timbre qui indique la date de leur entrée. Je ne saurais trop vous recommander l'observation de cette formalité, si importante au point de vue des délais fixés par la loi.

C'est au rapporteur désigné par le préfet ou par le conseiller qui le remplace que les pièces, aussitôt enregistrées, doivent être adressées. Le rapporteur propose au conseil de préfecture les communications qu'il juge devoir être faites et les mesures d'instruction qui lui paraissent nécessaires. Les décisions que rend à cet égard le conseil de préfecture n'ont pas le caractère de décisions juridiques ; elles sont prises en chambre de conseil, en dehors des parties, sans publicité et sans débat contradictoire. Elles n'ont donc pas besoin d'être libellées comme des arrêtés ni conservées en minute. Le rapporteur se bornera, après avoir pris les ordres du conseil, à inscrire sur la feuille devant contenir le dossier de l'affaire la série des formalités à remplir, dans ces termes, par exemple : « *Donner à M....* *un délai de... pour la production de telles et telles pièces.* » — « *Communiquer ensuite à N... en l'invitant à présenter ses défenses dans un délai de...* » etc. — Ces simples mentions , signées du rapporteur, serviront de base aux notifications que le secrétaire-greffier doit adresser aux parties.

Aux termes de l'article 7, la communication aux parties se fait au greffe, sans déplacement de pièces. Les choses devront, en effet, se passer ainsi dans le plus grand nombre des cas. Il peut arriver toutefois, dans certaines affaires, que l'étendue des pièces rende difficile une communication sur place. Dans ce cas, et si les parties sont représentées par des officiers publics , le déplacement des pièces pourra exceptionnellement, et à la condition de ne pas excéder un très-court délai, être autorisé par le président.

J'appelle toute votre attention, monsieur le préfet, sur la disposition des articles 9 et 10, aux termes desquels le rapporteur doit, une fois l'affaire en état, préparer son rapport et un projet de décision, et les transmettre au commissaire du Gouvernement. Dans les affaires de contributions et de contraventions, qui forment la très-grande majorité des instances soumises au conseil de préfecture , la feuille d'instruction pourra, le plus souvent, servir de rapport, et le rapporteur n'aura à préparer que le projet de décision , tâche qu'il pourra abréger encore en groupant toutes les affaires semblables pour en faire l'objet d'un rapport collectif. Mais , dans toutes les autres natures d'affaires, vous devrez tenir à ce qu'un rapport écrit soit rédigé.

Cette disposition du décret se justifie par des avantages sur lesquels je n'ai pas besoin d'insister : appelé à proposer une décision , le rapporteur sent la nécessité de compléter l'instruction , et ne néglige la production d'aucune des pièces qui peuvent être utiles à la solution de l'affaire. C'est le caractère essentiel de la procédure contentieuse que l'instruction y soit écrite ; les observations orales n'y tiennent qu'une place accessoire et doivent toujours se restreindre aux points qui ont été développés dans les mémoires. Du moment, en effet, où les parties ne sont pas astreintes à se présenter à a barre, et que souvent l'une des deux y vient seule, il n'est pas bon qu'il s'y produise des moyens nouveaux qui ne pourraient pas être contredits par l'adversaire.

Une observation qu'il importe de ne pas perdre de vue dans l'application de ce décret, c'est qu'il ne modifie en rien la procédure établie par des lois spéciales, dans certaines matières, notamment les contributions et les contraventions. Les règles nouvelles doivent se concilier avec les anciennes, comme l'indiquent les articles 6 et 8. C'est ainsi que, lorsque les parties sont appelées à fournir des observations, en vertu de l'article 29 de la loi du 21 avril 1832, par suite de l'avis du directeur des contributions directes contraire à leur réclamation, elles doivent être en même temps invitées à faire connaître si elles entendent user du droit de présenter des observations orales à la séance publique. Vous devez vous concerter, pour l'exécution de cette nouvelle règle, avec le directeur des contributions directes de votre département.

Je signale enfin à votre attention spéciale l'article 13, relatif à la rédaction des arrêtés. Il est essentiel que les décisions portent avec elles la preuve de l'accomplissement de toutes les formalités prescrites par la loi.

Tels sont, monsieur le préfet, l'esprit et les dispositions principales du nouveau règlement. Il s'est proposé d'introduire dans la procédure des conseils de préfecture la simplicité des formes, la rapidité de l'instruction et la modicité des frais. En même temps, il développe et confirme, au profit des parties, les deux grandes règles de la publicité et de la défense orale.

De telles mesures ne peuvent qu'augmenter les garanties d'une bonne justice, et par la même la confiance que les conseils de préfecture inspirent aux justiciables. C'est à vous, monsieur le préfet, qu'il appartient, comme président de cette juridiction et comme chef de l'administration locale, d'en surveiller et d'en assurer la stricte observation.

Recevez, monsieur le préfet, l'assurance de ma considération très-distinguée.

Le Ministre de l'intérieur,
La Valette.

ATTRIBUTIONS DES CONSEILS DE PRÉFECTURE EN MATIÈRE CONTENTIEUSE.

Les conseils de préfecture statuent :

Sur les demandes des particuliers tendant à obtenir la décharge ou la réduction de leur cote de contributions ;

Sur les taxes assimilées aux contributions :

Sur les cotes indûment imposées ;

Sur les difficultés qui pourraient s'élever entre les entrepreneurs de travaux publics et l'administration, concernant le sens ou l'exécution des clauses de leurs marchés ;

Sur les demandes en indemnités pour dommages causés par les travaux de l'Etat, du département, des communes, des établissements publics, et des associations syndicales ;

Sur les réclamations des particuliers qui se plaindront de torts et dommages procédant du fait personnel des entrepreneurs, et non du fait de l'administration ;

Sur les demandes et contestations concernant les indemnités dues aux particuliers, à raison de terrains pris ou fouillés pour la confection des chemins, canaux et autres ouvrages publics ;

Sur les difficultés qui pourront s'élever en matière de grande voirie, notamment sur celles relatives aux voies ferrées ;

Sur le règlement des subventions dues pour dégradations causées aux chemins vicinaux par des exploitations de mines, de carrières, de forêts ou de toute autre entreprise industrielle appartenant à des particuliers, à des établissements publics ou à l'Etat ;

Sur les contraventions de voirie, de navigation, de carrières, des servitudes militaires, de roulage, de chemins de fer et de culture de tabac;

Sur le contentieux des domaines nationaux (1) ;

Sur les protestations contre les opérations électorales des conseils généraux, d'arrondissement et municipaux;

Sur les logements insalubres ;

Sur les comptes des communes, des établissements de bienfaisance et des syndicats ;

EN MATIÈRE NON CONTENTIEUSE.

Sur les demandes qui seront présentées par les communes, les fabriques des églises et les établissements de bienfaisance pour être autorisés à ester en justice ;

Sur les mains-levées d'inscription hypothécaires, concernant les fabriques et les établissements de bienfaisance;

Et enfin sur les cotes irrécouvrables.

Les Conseils de préfecture donnent leur avis :

Sur les demandes en autorisation d'établissements dangereux, insalubres et incommodes ;

---

(1) Cette attribution, qui avait été conférée aux conseils de préfecture par la loi du 28 pluviôse an VIII, n'est plus en vigueur aujourd'hui que dans de rares exceptions.

Sur les transactions des communes et des établissements de bienfaisance.

———

Nous nous occuperons, dans la première partie de cet ouvrage, des affaires contentieuses, parmi lesquelles nous aurons à distinguer celles qui sont instruites directement par le greffe, où les mémoires introductifs d'instance sont déposés sur récépissé, et celles qui, régies par des lois particulières, continuent à être instruites dans les bureaux de la préfecture et doivent, par conséquent, être adressées au préfet.

Parmi ces affaires, on remarquera les comptes de gestion des receveurs des communes et des établissements de bienfaisance qui, par exception, et tout en faisant partie du contentieux, ne sont pas jugés en séance publique. (Art. 6, page 14).

DES CONTRIBUTIONS DIRECTES
ET DES TAXES QUI LEUR SONT ASSIMILÉES.

———

On appelle contributions directes celles qui atteignent directement les propriétés foncières et mobilières, les revenus personnels et industriels ;

Elles sont au nombre de quatre :

1° La contribution foncière qui porte sur les propriétés bâties et non bâties. (Loi du 3 frimaire an VII.)

2º La contribution des portes et fenêtres qui frappe les ouvertures des habitations. (Loi du 21 avril 1832.)

3º La contribution personnelle mobilière basée sur la richesse mobilière, présumée d'après le prix des loyers d'habitation. (Loi du 21 avril 1832.)

4º La contribution des patentes qni est établie suivant l'importance des professions et des industries. (Loi des 25 avril 1844, 18 mai 1850, 10 juin 1853, 4 juin 1858 et 2 juillet 1862.)

Sont assimilées aux contributions directes les taxes suivantes.

Frais de Bourses et Chambres de commerce ; (loi du 28 ventôse an IX, décret du 23 septembre 1806, loi des finances du 23 juillet 1820 et l'art. 33 de la loi du 25 avril 1844.)

Taxes d'arrosages ; (loi du 14 floréal an XI.)

Frais de visite chez les pharmaciens et droguistes ; (art. 16 des lettres-patentes du 10 février 1780, l'art. 42 de l'arrêté du gouvernement du 25 thermidor an XI et la loi du 23 juillet 1820).

Taxe sur les chiens ; (loi du 2 mai 1855, décret du 4 août 1855 et du 3 août 1861.)

Redevance des mines ; (lois des 21 avril 1810 et 27 avril 1838.)

Taxe des biens de mainmorte ; (loi du 20 février 1849).

Prestations en nature pour l'entretien des chemins vicinaux ; (loi du 21 mai 1836.)

Impôt sur les voitures ; (loi du 2 juillet 1862.) (Cet impôt n'existe plus.)

Impôt de vérification des poids et mesures ; (ordonnance du 17 avril 1839.)

Rétribution scolaire ; (loi du 28 juin 1833.)

Droit des pauvres ; (loi du du 7 frimaire an v, 10 thermidor an xi, décret du 8 fructidor an xiii.)

Taxe sur le pavage des rues ; (loi du 11 frimaire an vii, 18 juillet 1837.)

Taxe relative au curage des canaux et rivières non navigables, et à l'entretien des digues; (loi du 14 floréal an xi.)

Taxe relative à l'établissement thermal de Barèges ; (décret du 30 prairial an xii.)

Taxe pour la rétribution des médecins inspecteurs des eaux minérales. (Loi du 21 avril 1832.)

DE LA CONTRIBUTION FONCIÈRE.

Dans les extraits des lois nous ne mettrons que les titres et les articles qui ont un intérêt réel pour le contribuable.

Extrait de la loi du 3 frimaire an VII, relative à la répartition et au recouvrement de la contribution foncière.

TITRE PREMIER.

DISPOSITIONS GÉNÉRALES.

Art. 1er. Le Corps législatif établit chaque année une imposition foncière. *(Article 303 de la Constitution.)*

Il en déterminé annuellement le montant en principal et en centimes additionnels.

Elle est perçue en argent.

2. La répartition de l'imposition (ou contribution) foncière est faite par égalité proportionnelle sur toutes les propriétés foncières, à raison de leur revenu net imposable, sans autres exceptions que celles déterminées ci-après pour l'encouragement de l'agriculture ou pour l'intérêt général de la société.

3. Le revenu net des terres est ce qui reste au propriétaire, déduction faite sur le produit brut, des frais de culture, semence, récolte et entretien.

4. Le revenu imposable est le revenu net moyen, calculé sur un nombre d'années déterminé.

5. Le revenu net imposable des maisons, et celui des fabriques, forges, moulins et autres usines, sont tout ce qui reste au propriétaire, déduction faite sur leur valeur locative, calculée sur un nombre d'années déterminé, de la somme nécessaire pour l'indemniser du dépérissement et des frais d'entretien et de réparations.

6. Le revenu net imposable des canaux de navigation est ce qui reste au propriétaire, déduction faite sur le produit brut ou total, calculé sur un nombre d'années déterminé, de la somme nécessaire pour l'indemniser du dépérissement des diverses constructions et ouvrages d'art, et des frais d'entretien et de réparations.

7. Pour rassurer les contribuables contre les abus dans la répartition, il sera déterminé chaque année, par le Corps législatif, une proportion générale de la contribution foncière avec les revenus territoriaux, au-delà de laquelle la cote de chaque individu ne pourra être élevée.

Règlement général sur les opérations cadastrales du 15 mars 1827.

DEUXIÈME PARTIE.

Expertises.

ART. 57. Aussitôt que le plan d'une commune est terminé, le préfet, sur la proposition du directeur, autorise le maire à convoquer le conseil municipal et les plus forts imposés. La réunion a lieu sur la demande de l'inspecteur ou du contrôleur, toutes les fois que ces employés font connaître que cette réunion est nécessaire.

L'inspecteur, pour chacune des communes qui doivent être expertisées, charge le percepteur de former, dans l'ordre des cotisations et sans y comprendre les membres du conseil municipal, une liste des plus forts imposés à la contribution foncière, en nombre double de celui des membres du conseil.

Cette liste est faite en double expédition ; l'une est remise, dans les dix jours, au maire de la commune ; l'autre est remise, dans le même délai, à l'inspecteur qui est chargé d'en vérifier l'exactitude.

58. Les mineurs ou les interdits faisant partie des plus forts imposés sont, de droit, remplacés par leurs tuteurs. Les veuves ou filles majeures sont libres de se faire représenter par un fondé de pouvoir, et ce dernier ne peut être pris parmis les membres du conseil municipal, ni parmi les plus forts imposés. Le même individu ne peut être chargé du mandat de plusieurs personnes.

15. 1re *Réunion du conseil municipal.*

59. La première réunion du conseil municipal a lieu, autant que possible, au moment où l'inspecteur se rend dans les communes pour surveiller la communication des bulletins.

16. *Nomination des propriétaires classificateurs.*

60. L'inspecteur assiste à l'assemblée du conseil municipal, et veille à ce que les propriétaires les plus imposés y soient appelés. Il invite l'assemblée à nommer les commissaires classificateurs. Ces commissaires doivent être au nombre de cinq, et choisis parmi les possesseurs des cultures principales ou prédominantes du territoire ; deux sont pris dans les non résidants *(remplacés, en cas d'absence, par leurs régisseurs ou fermiers)*, et les trois autres dans les domiciliés. Il fait également nommer cinq classificateurs suppléants, dont trois habitant la commune et deux forains ; il rédige en double expédition, et soumet à la signature de l'assemblée le procès-verbal de cette nomination, dans lequel est mentionné le nom de chaque membre du conseil et de chaque contribuable y assistant. Il remet au maire la première expédition, et il adresse la seconde au directeur.

64. Un père et son fils, deux frères ou beaux-frères ne peuvent être nommés classificateurs dans la même commune qu'autant qu'aucun autre propriétaire ne serait en état de remplir convenablement cette fonction.

L'exception doit être autorisée par le préfet sur le rapport du directeur.

62. L'expertise ne doit être entreprise qu'après que les résultats de l'arpentage ont été communiqués aux propriétaires.

63. Dans les départements où le conseil général a réclamé l'emploi des experts, et dans ceux où ils n'interviennent que sur la demande spéciale des conseils municipaux, les préfets, après avoir pris l'avis des directeurs des contributions, nomment les experts chargés de concourir avec les contrôleurs à toutes les parties du travail. Pendant le cours du classement, ils ont voix délibérative, et, en cas de partage, voix prépondérante. Ils assistent aux délibérations du conseil municipal ayant pour objet la formation du tarif des évaluations.

64. L'inspecteur ne peut être chargé d'assister personnellement les classificateurs dans le classement d'une commune.

17. Classification.

65. Aussitôt que le contrôleur a reçu le tableau indicatif, le calque du plan et une copie du procès-verbal de la première réunion de l'assemblée municipale, il se transporte dans la commune et réunit les propriétaires classificateurs et l'expert, si son concours est autorisé, à l'effet de procéder, conjointement avec ces derniers : 1° à la reconnaissance générale du territoire et à sa classification, ou à la division de chaque nature de culture en classes ; 2° au choix des types ; 3° au classement des propriétés ; 4° à la formation du tarif des évaluations.

66. Quelques variétés que présentent les propriétés de même espèce, on ne peut diviser chaque nature de culture qu'en cinq classes au plus. Cette limite impose donc la nécessité de ranger dans la même classe des parcelles qui n'ont pas un produit absolument égal.

Afin de fixer d'une manière exacte les limites des classes, et pour faciliter le classement ainsi que la vérification des réclamations auxquelles il peut donner lieu, on choisira pour chaque classe deux parcelles destinées à servir de types. La première sera prise dans les meilleures propriétés de la classe et sera le *type supérieur* ; la seconde , choisie dans les plus mauvais fonds de la même classe , sera le *type inférieur*.

67. La classification terminée , les classificateurs établissent le revenu de chaque nature de culture et de chaque classe, en prenant pour base de leur estimation le terme moyen , par hectare, du produit net des parcelles choisies pour types.

Dans un procès-verbal destiné à faire connaître la manière dont il a été procédé à la classification, le contrôleur consigne les évaluations provisoires adoptées par les classificateurs , et il désigne les parcelles choisies pour types ou étalons, en indiquant, pour chacune d'elles, le numéro du plan, la nature de culture , le climat ou lieu dit, le nom du propriétaire et la classe.

18. *Classement*.

68. Le classement est immédiatement entrepris. Trois des classificateurs au moins, ou trois suppléants , doivent toujours prendre part à l'opération.

69. Le contrôleur, à mesure qu'il arrive sur chaque parcelle , appelle les noms , prénoms et professions des propriétaires, la nature et la contenance des propriétés, et tient note, par section, de toutes les erreurs qui ont pu échapper aux géomètres. Il ne peut faire sur le tableau indicatif aucune espèce de correction.

70. Le contrôleur est tenu de porter sur la liste alphabétique, à l'article de chaque propriétaire , le numéro sous lequel il est inscrit sur la matrice générale, et le montant de son loyer d'habitation, ou d'indiquer qu'il n'est imposé qu'à la taxe personnelle. Il relève sur un état particulier les noms de tous les contribuables imposés aux contributions personnelles mobilières et des patentes , et qui ne possèdent aucune propriété foncière ; il indique sur cet état les articles de la matrice générale , ainsi que les loyers d'habitation de ces contribuables ; enfin, il forme un résumé qui doit présenter un total égal au nombre des taxes personnelles et au montant des valeurs locatives de la commune.

71. Lorsque le classement est terminé, le contrôleur et les classificateurs procèdent au choix d'un certain nombre de domaines affermés , ou dont la valeur est notoirement constatée ; ils font un relevé des parcelles dont ces domaines sont composés ; ils appliquent le tarif provisoire suivant le procédé prescrit par l'art. 584 du recueil méthodique, et ils s'assurent, pour chaque domaine , de l'exactitude de la proportion existant entre le revenu constaté par le bail ou par la déclaration des classificateurs et le revenu résultant des évaluations provisoires. Si l'évaluation cadastrale de quelques propriétés s'écarte sensiblement de la proportion la plus générale , le contrôleur s'attache à rechercher la cause de la différence. A cet effet, il revoit avec les classificateurs et l'expert le classement des parcelles qui composent ces domaines ; et si cet examen faisait découvrir des erreurs, les classificateurs et l'expert devraient s'assurer que les mêmes imperfections ne se sont pas reproduites sur les autres parties du territoire. Après avoir, s'il y avait lieu, rectifié le classement, ils vérifieraient si le tarif provisoire ne doit pas être changé sous le rapport des évaluations par nature de culture et par classe.

19. *Seconde réunion du conseil municipal.*

Le tarif modifié est appliqué une seconde fois aux propriétés choisies pour épreuve , et lorsqu'il a été régularisé dans toutes ses parties , le contrôleur invite le maire à réunir le conseil municipal pour examiner le tarif des évaluations.

Ce tarif est envoyé au directeur par le contrôleur avec un rapport circonstancié sur toutes les parties de l'opération.

72. L'inspecteur surveille les opérations de l'expertise ; il assiste à la seconde réunion du conseil municipal toutes les fois que le directeur reconnaît que sa présence y est nécessaire.

73. Il rend compte au directeur de la manière dont le classement a été exécuté dans chaque commune , et il fournit ses observations sur le tarif des évaluations, lorsqu'il a pris part aux discussions du conseil municipal.

20. *Approbation du tarif des évaluations.*

74. Le préfet , sur le rapport du directeur , et après avoir pris l'avis du conseil de préfecture , approuve ou modifie le tarif des

évaluations, et le renvoie au directeur pour être appliqué au classement.

21. *Rédaction des pièces cadastrales.*

75. Les états de sections sont rédigés en simple expédition destinée à la commune. Le tableau indicatif tient lieu de minute et sert de base pour la confection de la matrice cadastrale : il présentera désormais le revenu des parcelles et le nombre des ouvertures imposables.

Si le tableau indicatif manquait de correction et de netteté, le directeur ne pourrait se dispenser d'en faire une copie.

76. Il n'est également fait qu'une seule expédition des relevés par nature de culture : elle est conservée à la direction.

77. Le directeur conserve la minute du résumé des relevés par nature de culture, et la représente à l'inspecteur général, afin de faciliter sa vérification.

78. Il est rédigé une matrice générale pour chaque commune nouvellement cadastrée.

22. *Réclamations.*

79. Au 1er juin de chaque année, le directeur invite les maires à prévenir les propriétaires qu'ils n'ont plus qu'un mois pour présenter leurs réclamations.

80. Les propriétaires ne peuvent réclamer contre le classement de leurs propriétés que par comparaison avec les types ou étalons choisis pour chaque classe.

81. Les réclamations contre les évaluations ne sont admises qu'autant qu'elles concernent des maisons ou des usines, ou qu'elles sont formées par un propriétaire possédant à lui seul la totalité ou la presque totalité d'une nature de culture.

23. *Transmission des réclamations.*

82. A l'expiration du délai fixé pour l'admission des réclamations, le contrôleur en fait l'envoi au directeur, qui les transmet à l'inspecteur avec ordre de procéder à leur vérification.

24. *Instruction des réclamations.*

83. L'inspecteur adresse au maire un état nominatif des réclamants, lui donne avis du jour de son arrivée, et l'invite à réunir les

classificateurs, pour le jour et l'heure qu'il désigne. Le maire avertit les pétitionnaires afin que ceux-ci assistent à la vérification, ou s'y fassent représenter par leurs fondés de pouvoir.

84. L'inspecteur communique son itinéraire au directeur.

85. Avant de se mettre en tournée, il rédige, en suivant l'ordre topographique, un tableau de toutes les parcelles contre le classement desquelles on a réclamé. Il se rend ensuite dans la commune, et de concert avec les classificateurs, et par comparaison avec les types ou étalons des classes dont les parcelles sont rangées, il procède à la vérification des classements contestés.

Il inscrit successivement dans l'une des colonnes du tableau qu'il a présenté l'avis des classificateurs sur le classement de chaque parcelle.

Lorsque la vérification est terminée sur le terrain, il rédige, pour chaque réclamant, un état présentant le classement primitif de chaque parcelle objet de la réclamation, et l'avis des classificateurs sur chacune de ces parcelles ; il donne connaissance aux propriétaires des demandes que les classificateurs ne sont point d'avis d'admettre ou qu'ils n'admettent qu'en partie.

86. Si les propriétaires adhèrent à l'avis des classificateurs, cette adhésion est signée d'eux ou de leurs fondés de pouvoir, sur l'état spécial rédigé par l'inspecteur.

87. Dans le cas d'absence des réclamants ou de refus d'adhérer à l'avis des classificateurs, l'inspecteur doit prévenir les propriétaires que, suivant les dispositions des articles 17 et 18 de l'arrêté du 24 floréal an VIII (14 mai 1800), ils peuvent requérir la contre-expertise dans le délai de vingt jours. Il leur fait connnaître que cette opération s'exécute aux frais de la commune, lorsque la réclamation est reconnue fondée, tandis qu'elle est à la charge des réclamants, quand les demandes sont rejetées.

88. L'inspecteur adresse au sous-préfet, avec son rapport, les réclamations dont la vérification est entièrement terminée ; la suite de l'instruction a lieu dans les formes ordinaires.

89. L'inspecteur conserve entre ses mains les pétitions qui, pour la totalité ou pour une partie des classements contestés, peuvent éventuellement donner lieu à une contre-expertise.

90. A l'expiration du délai de vingt jours, si le réclamant n'a point fait connaître ses intentions, son silence est considéré comme une adhésion à l'avis des classificateurs, et la pétition est immédiatement transmise au sous-préfet.

91. Si le réclamant persiste dans sa demande, il doit désigner son expert dans le délai fixé par l'article 87. L'inspecteur informe le sous-préfet qn'il y a lieu à contre-expertise ; cet administrateur nomme, dans les dix jours, l'expert de la commune, en prévient l'inspecteur, et ce dernier fixe et fait connaître aux deux experts le jour où il sera procédé à la vérification.

92. L'inspecteur fait des rapports particuliers sur chacune des demandes qui ont nécessité une contre-expertise.

25. *Frais de vérification par experts.*

93. Les frais de vérification par experts demeurent à la charge de la commune, quel que soit, d'ailleurs, le nombre des parcelles vérifiées, lorsque le réclamant, par l'effet de la contre-expertise, obtient dans son revenu cadastral une réduction quelconque.

26. *Jugement des réclamations.*

94. Les réclamations contre le classement sont jugées dans les dix jours qui suivent la remise des rapports faits au préfet, afin que la réimposition ait lieu et que l'erreur ne se produise pas sur le rôle de l'année suivante.

27. *Propriétés portées dans une classe trop basse.*

95. Si, par l'effet de la vérification des réclamations ou par suite des observations verbales ou écrites des propriétaires, il est reconnu que des propriétés ont été trop faiblement classées, l'inspecteur indique sur un tableau le classement primitif et les rectifications proposées.

Ce tableau est arrêté par les classificateurs.

96. Avant de quitter la commune, l'inspecteur informe les propriétaires de ces parcelles du changement proposé dans le classement de leurs fonds.

97. Si les propriétaires n'adhèrent point immédiatement au changement de classe, l'inspecteur leur fait connaître par écrit

qu'ils peuvent, dans les vingt jours suivants, réclamer contre la proposition des classificateurs, et désigner un expert pour qu'il soit procédé à la contre-expertise, dans les formes prescrites par l'arrêté du 24 floréal an VIII (14 mai 1800).

98. Le délai de vingt jours expiré, si les propriétaires n'ont pas réclamé, leur silence est considéré comme une adhésion à la proposition des classificateurs, et le préfet autorise le directeur à opérer les rectifications nécessaires sur les matrices.

99. Après la rectification des réclamations présentées dans les délais ordinaires, aucune rectification ne peut plus avoir lieu dans le classement primitif des parcelles.

100. L'indemnité allouée jusqu'à ce jour à l'inspecteur ne sera payable que pour les communes dont les travaux d'expertise étaient entrepris au 1ᵉʳ janvier 1827. Pour les communes où ces travaux, à la même époque, n'étaient point commencés, l'indemnité de 20 fr. par commune sera maintenue, et la rétribution par canton sera remplacée par une indemnité de 2 cent. par hectare.

28. *Payements.*

101. Les rétributions des divers agents de la direction sont payées d'après la règle suivante :

102. Les contrôleurs reçoivent la totalité de leur indemnité aussitôt que le tarif des évaluations est arrêté par le préfet.

103. A la même époque, les experts reçoivent les trois quarts de leur indemnité, et le quart restant lorsque les réclamations sont vérifiées.

104. L'inspecteur touche le premier quart, lorsqu'il remet son rapport sur la communication des bulletins, et le procès-verbal constatant la nomination des classificateurs ; le second quart, après la remise de son rapport sur l'expertise des communes comprises dans le budget ; la dernière moitié ou le solde, lorsque l'instruction des réclamations est entièrement terminée.

105. Si l'inspecteur est appelé dans un autre département pendant le cours des opérations, le directeur, d'après l'importance du travail, partage l'indemnité restant à payer entre l'inspecteur sortant et son successeur.

106. Le directeur reçoit en un seul payement les trois quarts de son indemnité, lorsque la matrice est arrêtée par le préfet, et le dernier quart ou solde, quand il fournit, à l'appui de sa demande, un certificat du maire constatant que les états de section, les atlas et la matrice cadastrale ont été déposés à la mairie, et que le premier rôle cadastral a été publié et mis en recouvrement.

107. Les règles fixées pour le payement des indemnités des directeurs, des géomètres en chef et des contrôleurs, seront appliquées aux travaux terminés ou entrepris, à la date de la présente instruction.

TROISIÈME PARTIE.

Mutations.

29. *Constructions nouvelles.*

108. Il sera ouvert, dans chaque commune cadastrée, un registre sur lequel le contrôleur portera avec exactitude les indications nécessaires pour que les propriétés bâties, nouvellement construites ou reconstruites, ne soient imposées qu'à partir de la troisième année de leur achèvement. Ce livre présentera les augmentations et les diminutions survenues dans les contenances et les revenus portés sur les matrices.

109. Lorsque, par suite d'alluvion, de corrosion ou de toute autre cause, le revenu d'une matrice cadastrale est accru ou diminué, les modifications sont réclamées par le maire et les commissaires répartiteurs qui, dans ce cas, arrêtent et signent les déclarations sur lesquelles les changements se trouvent énoncés.

Le directeur des contributions présente au préfet le tableau des résultats de ces modifications, afin que ce magistrat soit à portée d'indiquer à l'administration les augmentations ou diminutions qui doivent être opérées dans le contingent du département, de l'arrondissement et de la commune.

110. L'intervention des répartiteurs est également nécessaire, lorsqu'il s'agit de fixer le revenu imposable des nouvelles construc-

tions, ou de constater la portion du revenu qui s'applique à des démolitions.

111. Lorsqu'une parcelle est divisée en plusieurs classes, et que le vendeur et l'acquéreur reconnaissent que ce dernier doit prendre la totalité ou une portion de la contenance et du revenu appartenant à l'une des classes de la parcelle, le contrôleur se borne à fournir les indications nécessaires pour que le directeur puisse compléter la déclaration en y inscrivant la contenance et le revenu.

30. *Déclarations de mutations.*

112. Les contrôleurs sont chargés de recevoir et de rédiger eux-mêmes les déclarations de mutations de propriétés ; ils indiquent sur chaque feuille de déclaration les changements survenus dans le nombre des portes et fenêtres.

113. Chaque déclaration est signée par le déclarant ou par le maire, lorsque le déclarant ne sait signer.

114. Il n'est alloué aucune indemnité pour les déclarations non revêtues des formalités prescrites, et qui ne sont point rédigées par les contrôleurs.

Ces derniers s'assurent que les pièces cadastrales déposées au secrétariat des mairies y sont conservées avec le soin nécessaire ; ils rendent compte au directeur de l'état de ces pièces.

115. Le directeur ne peut exiger des contrôleurs, à l'appui des déclarations, une récapitulation particulière présentant la balance des mutations déclarées, attendu que ce chef de service est spécialement chargé d'établir annuellement l'état de situation ancienne et nouvelle.

31. *Application des mutations.*

116. Les mutations sont appliquées sur la matrice par le directeur aussitôt que les feuilles de déclarations sont parvenues dans ses bureaux.

117. Les déclarations et l'état de situation ancienne et nouvelle sont adressés au contrôleur à mesure que les applications sont terminées. Les derniers envois doivent être effectués dans le courant de décembre au plus tard.

118. Les contrôleurs, sous leur responsabilité personnelle et à la charge par eux de pourvoir aux frais de transport, sont autorisés à réclamer successivement des maires les copies des matrices pour procéder à l'application des mutations.

Les matrices sont renvoyées dans les communes à mesure que le travail est terminé ; elles doivent être réintégrées en totalité dans les archives des mairies au 1ᵉʳ mars; et, à cette époque, les contrôleurs sont tenus de remettre au directeur les différentes pièces qui lui ont été données en communication.

32. *Vérification de l'inspecteur.*

119. Chaque année, l'inspecteur procède à la vérification de l'application des changements sur les matrices cadastrales déposées dans les mairies. Il se met en tournée lorsque les contrôleurs s'occupent de la rédaction des déclarations ; il veille à ce que ces employés se rendent exactement dans les communes aux jours indiqués.

La vérification de l'inspecteur s'étend au cinquième des communes dont se compose chaque canton. Le directeur lui fait connaître celles où la vérification doit être opérée ; il lui transmet les états de situation ancienne et nouvelle et l'itinéraire des contrôleurs.

120. En arrivant dans chacune des communes désignées, l'inspecteur vérifie les additions de tous les articles qui ont subi des changements ; il s'assure que les numéros de renvois sont exactement placés; il dresse, s'il y a lieu, l'état des erreurs qu'il a rectifiées ; il constate la date de son examen par un visa sur la dernière page de la matrice cadastrale, et, dans un rapport circonstancié, en fait connaître le résultat au directeur. Ce rapport contient en même temps ses observations sur la manière dont chaque contrôleur procède à la réception des déclarations des mutations.

121. Lorsque, dans l'ensemble du travail soumis à son examen, l'inspecteur a reconnu des erreurs d'une certaine importance, le directeur fait collationner aux frais du contrôleur toutes les matrices des communes du canton avec celles de la direction.

33. *Payements.*

122. L'indemnité relative à l'application des mutations ne peut

être payée aux contrôleurs qu'après que l'inspecteur a attesté la régularité du travail.

123. L'indemnité revenant au directeur pour l'application des mutations sur les matrices cadastrales lui est acquise après l'approbation du budget dans lequel elle se trouve mentionnée, et lorsqu'il justifie au préfet de la transmission au contrôleur des déclarations et des états de situation ancienne et nouvelle.

124. Si, par suite d'erreurs commises dans l'application des mutations sur les matrices des communes, ou par défaut de netteté et de soins, il devenait nécessaire de procéder à une nouvelle transcription, les frais de ce travail seraient supportés par le directeur , sauf son recours envers le contrôleur.

125. Le directeur et le contrôleur ne sont pas responsables des altérations que les matrices ont pu éprouver dans les mairies. Dans ce cas, les frais de rectification ou de transcription sont supportés par les communes.

126. Toutes les dispositions antérieures contraires à celles de la présente instruction sont abrogées.

Suite de l'extrait de la loi du 3 frimaire an VII.

TITRE VI.

DU MODE D'ÉVALUATION DU REVENU IMPOSABLE
DES PROPRIÉTÉS FONCIÈRES.

ART. 56. Lorsqu'il s'agira d'évaluer le revenu imposable de terres labourables, soit actuellement cultivées, soit incultes, mais susceptibles de ce genre de culture, les répartiteurs s'assureront d'abord de la nature des produits qu'elles peuvent donner , en s'en tenant aux cultures généralement usitées dans la commune, telles que froment, seigle, orge et autres grains de toute espèce, lin, chanvre, tabac, plantes oléagineuses, à teinture, etc. Ils supputeront ensuite quelle est la valeur du produit brut ou total qu'elles peuvent rendre année commune, en les supposant cultivées sans travaux ni dépenses extraordinaires, mais selon la coutume du pays, avec les alternats et assolements d'usage, et en formant l'année commune sur quinze années antérieures, moins les deux plus fortes et les deux plus faibles.

Les années de la circulation du papier-monnaie, à partir du 1er janvier 1791 *(vieux style)*, ne compteront point.

57. L'année commune du produit brut de chaque article de terre labourable étant déterminée, les répartiteurs feront déduction, sur ce produit, des frais de culture, semence, récolte et entretien ; ce qui en restera formera le revenu net imposable, et sera porté comme tel sur les états de sections.

58. Les jardins potagers seront évalués d'après le produit de leur location possible, année commune, en prenant cette année commune sur quinze, comme pour l'évaluation du revenu des terres labourables.

Ils ne pourront, dans aucun cas, être évalués au-dessous du taux des meilleures terres labourables de la commune.

59. L'évaluation du revenu imposable des terrains enlevés à la culture pour le pur agrément, tels que parterres, pièces d'eau, avenues, etc., sera portée au taux de celui des meilleures terres labourables de la commune.

60. Lorsqu'il s'agira d'évaluer le revenu net imposable des vignes, les répartiteurs supputeront d'abord quelle est la valeur du produit brut ou total qu'elles peuvent rendre année commune, en les supposant cultivées sans travaux ni dépenses extraordinaires, mais selon la coutume du pays, en formant l'année commune sur quinze, comme pour les terres labourables.

61. L'année commune du produit brut des vignes étant déterminée, les répartiteurs feront déduction sur ce produit brut des frais de culture, de récolte, d'entretien, d'engrais et de pressoir.

Ils déduiront en outre un quinzième de ce produit, en considération des frais de dépérissement annuel, de replantation partielle, et des travaux à faire pendant les années où chaque nouvelle plantation est sans rapport.

Ce qui restera du produit brut après ces déductions, formera le revenu net imposable, et sera porté comme tel aux états de sections.

62. Le revenu imposable des prairies naturelles, soit qu'on les tienne en coupes régulières ou qu'on en fasse consommer les herbes

sur pied, sera calculé d'après la valeur de leur produit année commune, prise sur quinze, comme pour les terres labourables, déduction faite sur ce produit, des frais d'entretien et de récolte.

63. Les prairies artificielles ne seront évaluées que comme les terres labourables d'égale qualité.

64. L'évaluation du revenu imposable des terrains connus sous les noms de *pâtis, palus, marais, bas prés*, et autres dénominations quelconques, qui, par la qualité inférieure de leur sol ou par d'autres circonstances naturelles, ne peuvent servir que de simples pâturages, sera faite d'après le produit que le propriétaire serait présumé pouvoir en obtenir année commune, selon les localités, soit en faisant consommer la pâture, soit en les louant sans fraude à un fermier auquel il ne fournirait ni bestiaux ni bâtiments, et déduction faite des frais d'entretien.

65. Les terres vaines et vagues, les landes et bruyères, et les terrains habituellement inondés, ou dévastés par les eaux, seront assujétis à la contribution foncière d'après leur produit net moyen, quelque modique qu'il puisse être ; mais, dans aucun cas, leur cotisation ne pourra être moindre d'un décime par hectare.

66. Les particuliers ne pourront s'affranchir de la contribution à laquelle les fonds désignés en l'article précédent devraient être soumis, qu'en renonçant à ces propriétés au profit de la commune dans laquelle elles sont situées.

La déclaration détaillée de cet abandon perpétuel sera faite par écrit au secrétariat de l'administration municipale par le propriétaire ou par un fondé de pouvoir spécial.

Les cotisations des objets ainsi abandonnés, dans les rôles faits antérieurement à l'abandon, resteront à la charge de l'ancien propriétaire.

67. L'évaluation des bois en coupes réglées sera faite d'après le prix moyen de leurs coupes annuelles, déduction faite des frais d'entretien, de garde et de repeuplement.

68. L'évaluation des bois taillis qui ne sont pas en coupes réglées, sera faite d'après leur comparaison avec les autres bois de la commune ou du canton.

69. Tous les bois au-dessous de l'âge de trente ans seront réputés taillis, et seront évalués conformément aux dispositions des deux articles précédents.

70. Les bois âgés de trente ans au plus, et non aménagés en coupes réglées, seront estimés à leur valeur au temps de l'estimation, et cotisés jusqu'à leur exploitation comme s'ils produisaient un revenu égal à deux et demi pour cent de cette valeur.

71. L'évaluation du revenu des forêts en futaie, aménagées ou non en coupes réglées, lorsqu'elles s'étendront sur le territoire de plusieurs communes d'un canton, sera faite par l'administration municipale du canton, et le montant de l'évaluation sera porté aux états de sections et matrice des rôles de chaque commune, en proportion de l'étendue qui sera sur son territoire.

72. L'évaluation du revenu des forêts en futaie, aménagées ou non en coupes réglées, lorsqu'elles s'étendront sur le territoire de plusieurs cantons d'un même département, sera faite par l'administration centrale du département, et le montant de cette évaluation porté aux états de sections et matrices des rôles de chaque commune, en proportion de l'étendue qui sera sur son territoire.

73. Le revenu des forêts qui s'étendront sur plusieurs départements sera évalué séparément dans chaque département.

74. Les répartiteurs n'auront égard, dans l'évaluation du revenu imposable des terrains sur lesquels se trouvent des arbres forestiers épars ou en simple bordure, ni à l'avantage que le propriétaire peut tirer de ces arbres, ni à la diminution qu'ils apportent dans la fertilité du sol qu'ils ombragent.

75. Lorsqu'un terrain sera exploité en tourbière, on évaluera, pendant les dix années qui suivront le commencement du tourbage, son revenu au double de la somme à laquelle il était évalué l'année précédente.

76. Il sera fait note sur chaque rôle et matrice de rôle de l'année où doit finir ce doublement d'évaluation. Après ces dix années, ces terrains seront cotisés comme les autres propriétés.

77. Les terrains enclos seront évalués d'après les mêmes règles et dans les mêmes proportions que les terrains non enclos d'égale qualité et donnant le même genre de production. On n'aura égard, dans la fixation de leur revenu imposable, ni à l'augmentation de produit, qui ne serait évidemment que l'effet des clôtures, ni aux dépenses d'établissement et d'entretien de ces clôtures, quelles qu'elles puissent être.

78. Si un enclos contient différentes natures de biens , telles que bois, prés, terres labourables, jardins, vignes, étangs, etc., chaque nature de bien sera évaluée séparément, de la même manière que si le terrain n'était point enclos.

79. Le revenu imposable des étangs permanents sera évalué d'après le produit de la pêche, année commune, formée sur quinze, moins les deux plus fortes et les deux plus faibles, sous la déduction des frais d'entretien, de pêche et de repeuplement.

80. L'évaluation du revenu imposable des terrains alternativement en étang et en culture sera combinée d'après ce double rapport.

81. Les mines ne seront évaluées qu'à raison de la superficie du terrain occupé pour leur exploitation ; et sur le pied des terrains environnants.

Il en sera de même pour les carrières.

82. Le revenu net imposable des maisons d'habitation, en quelque lieu qu'elles soient situées , soit que le propriétaire les occupe ou qu'il les fasse occuper par d'autres , à titre gratuit ou onéreux , sera déterminé d'après leur valeur locative, calculée sur dix années, sous la déduction d'un quart de cette valeur locative, en considération du dépérissement et des frais d'entretien et de réparations.

83. Aucune maison d'habitation, occupée comme il est dit en l'article précédent, ne pourra être cotisée, quelle que soit l'évaluation de son revenu , au-dessous de ce qu'elle le serait à raison du terrain qu'elle enlève à la culture , évalué sur le pied du double des meilleures terres labourables de la commune si la maison n'a qu'un rez-de-chaussée , du triple si elle a un étage au-dessus du rez-de-chaussée, et du quadruple si elle en a plusieurs.

Le comble ou toiture, de quelque manière qu'il soit disposé , ne sera point compté pour un étage.

84. Les maisons qui auront été inhabitées pendant toute l'année, à partir du premier vendémiaire, seront cotisées seulement à raison du terrain qu'elles enlèvent à la culture , évalué sur le pied des meilleures terres labourables de la commune.

85. Les bâtiments servant aux exploitations rurales , tels que granges, écuries, greniers, caves, celliers , pressoirs , et autres , destinés soit à loger les bestiaux des fermes et métairies, ou à serrer

les récoltes, ainsi que les cours desdites fermes ou métairies, ne seront soumis à la contribution foncière qu'à raison du terrain qu'ils enlèvent à la culture, évalué sur le pied des meilleures terres labourables de la commune.

86. Lorsqu'il n'y aura point de terres labourables dans une commune, l'évaluation dont il s'agit aux trois articles précédents, sera faite sur le pied des meilleures terres labourables de la commune voisine.

87. Le revenu net imposable des fabriques, manufactures, forges, moulins et autres usines sera déterminé d'après leur valeur locative, calculée sur dix années, sous la déduction d'un tiers de cette valeur, en considération du dépérissement et des frais d'entretien et de réparations.

88. Les maisons, les fabriques et manufactures, forges, moulins et autres usines nouvellement construits, ne seront soumis à la contribution foncière que la troisième année après leur construction. Le terrain qu'ils enlèvent à la culture, continuera d'être cotisé jusqu'alors comme il l'était avant.

Il en sera de même pour tous autres édifices nouvellement construits ou reconstruits; le terrain seul sera cotisé pendant les deux premières années.

89. Lorsqu'il s'agira d'évaluer le revenu imposable d'un canal de navigation, le propriétaire fera, au secrétariat de l'administration municipale ou centrale qui devra faire l'évaluation, une déclaration détaillée des revenus et charges dudit canal.

90. L'administration s'assurera, tant d'après cette déclaration que d'après les autres renseignements qu'elle aura pu se procurer, du produit brut ou total dudit canal : elle s'assurera pareillement de la réalité des charges, et fera déduction du montant de celles-ci sur le produit brut ; ce qui restera de ce produit formera le revenu imposable.

91. Le revenu imposable des canaux qui traversent une ou plusieurs communes d'un même canton sera évalué par l'administration municipale du canton. Il sera divisé, pour chaque commune, si le canal en traverse plusieurs, en proportion de la longueur du canal sur le territoire de chacune.

L'administration municipale en fixera la contribution au taux moyen de celle qui sera supportée par les autres propriétés du canton.

Cette fixation sera faite en même temps que le répartement de la contribution foncière entre les diverses communes.

92. Les administrations municipales des communes de cinq mille habitants et au-delà feront pareillement l'évaluation du revenu imposable des canaux de navigation qui ne traverseront que le territoire de la commune.

Elles en fixeront la contribution au taux moyen de celle qui sera supportée par les autres propriétés de la commune.

93. Le revenu imposable des canaux qui traversent plusieurs cantons d'un même département sera évalué par l'administration centrale du département. Il sera divisé, pour chaque canton et pour chaque commune ayant pour elle seule une administration municipale, en proportion de la longueur du canal sur le territoire de chacun, et subdivisé ensuite par chaque administration municipale de canton, pour la portion la concernant, entre les diverses communes de son arrondissement.

94. Quant aux canaux qui traversent plusieurs départements, chaque administration centrale de département évaluera les revenus et les charges du canal sur son territoire : elles se communiqueront le résultat de leurs évaluations ; et le total du revenu imposable sera réparti en proportion de la longueur du canal sur le territoire de chaque département, et subdivisé ensuite par chaque administration centrale entre les cantons et les communes ayant pour elles seules une administration municipale, et par les administrations de canton entre les diverses communes de leur arrondissement.

95. Seront compris dans l'évaluation des charges des canaux de navigation, l'indemnité pour le dépérissement des diverses constructions et ouvrages d'art, et les frais d'entretien et de réparations tant du canal que des réserves d'eau, chemins de halage, berges et francs-bords qui ne produisent aucun revenu.

96. Les moulins, fabriques et autres usines construits sur les canaux, les plantations et autres natures de biens qui avoisinent les canaux et appartiennent aux mêmes propriétaires ne seront point compris dans l'évaluation générale du revenu du canal, mais resteront soumis à toutes les règles fixées pour les autres biens-fonds.

4

97. L'évaluation du revenu imposable et la cotisation des propriétés foncières de toute nature seront faites sans avoir égard aux rentes constituées ou foncières , et autres prestations dont elles se trouveraient grevées ; sauf aux propriétaires à s'indemniser par des retenues, comme il est dit ci-après, et dans les cas y déterminés.

98. Les propriétaires, débiteurs d'intérêts et de rentes ou autres prestations perpétuelles constituées à prix d'argent ou foncières , créées avant la publication du décret des 20, 22 et 23 novembre 1790 (*vieux style*) concernant la contribution foncière, et qui étaient autorisés à faire la retenue des impositions alors existantes, feront la retenue à leurs créanciers, dans la proportion de la contribution foncière.

99. Ils feront aussi la retenue, dans la même proportion , sur les rentes et autres prestations foncières non supprimées , dont leurs fonds, édifices et usines se trouvent encore grevés , et dont la création est antérieure à la publication du décret précité des 20, 22 et 23 novembre 1790; quoique non autorisés à la faire par les anciennes lois ou usages ; sans préjudice néanmoins de l'exécution des baux à rentes faits sous la condition expresse de la non-retenue des impositions publiques, ou avec toute autre clause de laquelle résulte la volonté conventionnelle des parties , que les contributions publiques soient à la charge du preneur, en sus de la rente ou prestation.

100. Les débiteurs de rentes viagères constituées avant la même époque, et qui étaient autorisés à faire la retenue des impositions publiques, ne feront la retenue que dans la proportion de l'intérêt que le capital eût porté en rentes perpétuelles , lorsque ce capital sera connu ; et quand le capital ne sera pas connu , la retenue sera de la moitié de la proportion de la contribution foncière.

101. A l'avenir, les stipulations entre les contractants sur la retenue de la contribution foncière, seront entièrement libres ; mais elle aura toujours lieu, à moins que le contrat ne porte la condition expresse de non-retenue.

Il n'est rien innové relativement aux contrats passés depuis la publication du décret des 20 , 22 et 23 novembre 1790. Les différents qui pourraient survenir à leur égard , seront réglés d'après ce décret.

102. L'évaluation du revenu imposable des maisons et usines sera révisée et renouvelée tous les dix ans.

TITRE VII.

DES EXCEPTIONS.

103. Les rues, les places publiques servant aux foires et marchés, les grandes routes, les chemins publics vicinaux et les rivières ne sont point cotisables.

104. Les canaux destinés à conduire les eaux à des moulins, forges ou autres usines, ou à les détourner pour l'irrigation, seront cotisés, mais à raison de l'espace seulement qu'ils occupent, et sur le pied des terres qui les bordent.

105. Les domaines nationaux non productifs exceptés de l'aliénation ordonnée par les lois, et réservés pour un service national, tels que les deux palais du Corps Législatif, celui du Directoire Exécutif, le Panthéon, les bâtiments destinés au logement des ministres et de leurs bureaux, les arsenaux, magasins, casernes, fortifications et autres établissements dont la destination a pour objet l'utilité générale, ne seront portés aux états de sections et matrices de rôle que pour *mémoire* ; ils ne seront point cotisés.

106. Les domaines nationaux non productifs déclarés aliénables par les lois, tels que, ci-devant églises non louées, tours, châteaux abandonnés ou en ruine, et autres semblables seront compris, désignés et évalués aux états de sections et matrices de rôles, en la même forme et sur le même pied que les propriétés particulières de même nature ; mais ils ne seront point cotisés tant qu'ils n'auront point été vendus ou loués.

107. La cote de contribution des domaines nationaux productifs exceptés de l'aliénation, tels que les forêts, les salines, canaux, etc., ne pourra surpasser, en principal, le cinquième de leur produit net effectif résultant des adjudications ou locations légalement faites, ou autre quotité de ce même produit, selon la proportion générale de la contribution foncière avec les revenus territoriaux.

En cas de plus forte cotisation, la régie en poursuivra le remboursement contre les communes de la situation des biens.

108. Les domaines nationaux productifs déclarés aliénables seront évalués et cotisés comme les propriétés particulières de même nature et d'égal revenu.

En cas de surtaxe, la régie poursuivra le dégrèvement, soit d'office, soit sur la dénonciation du fermier, en la forme ordinaire.

109. La contribution foncière due par les propriétés appartenant aux communes, et par les marais et terres vaines et vagues situés dans l'étendue de leur territoire, qui n'ont aucun propriétaire particulier, ou qui auront été légalement abandonnés, sera supportée par les communes et acquittée par elles.

Il en sera de même des terrains connus sous le nom de *biens communaux*, tant qu'ils n'auront point été partagés.

La contribution due par des terrains qui ne seraient communs qu'à certaine portion des habitants d'une commune sera acquittée par ces habitants.

110. Les hospices et autres établissements publics acquitteront la contribution assise sur leurs propriétés foncières de toute nature, en principal et centimes additionnels.

111. La cotisation des marais qui seront desséchés ne pourra être augmentée pendant les vingt-cinq premières années après le desséchement.

112. La cotisation des terres vaines et vagues depuis quinze ans, qui seront mises en culture autre que celle désignée en l'article 114 ci-après, ne pourra être augmentée pendant les dix premières années après le défrichement.

113. La cotisation des terres en friche depuis dix ans, qui seront plantées ou semées en bois, ne pourra être augmentée pendant les trente premières années du semis ou de la plantation.

114. La cotisation des terres vaines et vagues ou en friche depuis quinse ans, qui seront plantées en vignes, mûriers ou autres arbres fruitiers, ne pourra être augmentée pendant les vingt premières années de la plantation.

115. Le revenu imposable des terrains déjà en valeur, qui seront plantés en vignes, mûriers ou autres arbres fruitiers, ne pourra être évalué, pendant les quinze premières années de la plantation, qu'au taux de celui des terres d'égale valeur non plantées.

116. Le revenu imposable des terrains maintenant en valeur, qui seront plantés ou semés en bois, ne sera évalué, pendant les trente premières années de la plantation ou du semis, qu'au quart de celui des terres d'égale valeur non plantées.

117. Pour jouir de ces divers avantages, et à peine d'en être privé, le propriétaire sera tenu de faire au secrétariat de l'administration municipale dans le territoire de laquelle les biens sont situés, avant de commencer les desséchements, défrichements et autres améliorations, une déclaration détaillée des terrains qu'il voudra ainsi améliorer.

118. Cetlte déclaration sera reçue par le secrétaire de l'administration municipale, sur un registre ouvert à cet effet, coté, paraphé, daté et signé comme celui des mutations ; elle sera signée tant par le secrétaire que par le déclarant ou son fondé de pouvoir.

Copie de cette déclaration sera délivrée au déclarant, moyennant la somme de 25 cent., non compris le papier timbré et autres droits légalement établis.

119. Dans la décade qui suivra la déclaration, l'administration municipale chargera l'agent municipal de la commune ou son adjoint , ou un officier municipal dans les communes de cinq mille habitants et au-delà, d'appeler deux des répartiteurs, de faire avec eux la visite des terrains déclarés , de dresser procès-verbal de leur état présent, et de le communiquer, ainsi que la déclaration, aux autres répartiteurs. Ce procès-verbal sera affiché pendant deux décades, tant dans la commune de la situation des biens qu'au chef-lieu du canton : il sera rédigé sans frais et sur papier non timbré.

120. Il sera libre aux répartiteurs et à tous autres contribuables de la commune de contester la déclaration , et même de faire à l'administration municipale des observations sur le procès-verbal de l'état présent des terrains ; et si la déclaration ne se trouve pas sincère, l'administration prononcera que le déclarant n'a pas droit aux avantages précités. Si, au contraire, la sincérité de la déclaration est reconnue. l'administration municipale arrêtera que le propriétaire a droit de jouir de ces avantages.

On pourra, dans tous les cas, recourir à l'administration centrale du département, qui réformera, s'il y a lieu, l'arrêté de l'administration municipale.

121. Les terrains précédemment desséchés ou défrichés, ou plantés en vignes ou en bois, ou autrement améliorés, qui jouissent de quelque exemption ou modération de contribution en vertu des lois antérieures à la présente, continueront d'en jouir jusqu'au temps où cette exemption ou modération devait cesser.

122. Les canaux de navigation seront cotisés, pendant les trente années qui suivront celle où la navigation aura commencé, qu'à raison du sol occupé par le canal, par les réserves d'eau, chemins de halage et francs-bords, et sur le pied des terres qui les bordent.

Les canaux existants qui jouissent de quelque exemption ou modération de contribution en vertu des lois antérieures à la présente continueront d'en jouir jusqu'au temps où cette exemption ou modération devait cesser.

123. Sur chaque matrice de rôle de la contribution foncière, à l'article de chacune des propriétés qui jouissent ou jouiront de quelques exemptions ou modérations temporaires données pour l'encouragement de l'agriculture, il sera fait mention de l'année où ces propriétés doivent cesser d'en jouir.

Loi relative au paiement des contributions assises sur les biens commnnaux.

(26 germinal an XI.)

Art. 1er. Les fermiers et locataires des biens communaux mis en ferme ou donnés à bail, comme les biens ruraux, terres, prés et bois, ou les moulins, usines ou maisons d'habitation, seront tenus de payer, à la décharge des communes, et en déduction du prix du bail, le montant des impositions de tout genre assises sur ces propriétés.

2. Lorsqu'une commune possèdera des domaines utiles, dont chaque habitant profitera également, et qui ne seront pas susceptibles d'être affermés, comme des bois, pacages et marais communaux, ou des bâtiments servant à l'usage commun, et qu'elle n'aura pas de revenus suffisants pour payer la contribution due à raison desdits domaines, cette contribution sera répartie en centimes additionnels sur les contributions foncière, mobilière et somptuaire de tous les habitants.

3. Lorsque tous les habitants n'auront pas un droit égal à la jouissance du bien communal, la répartition de la contribution assise sur ce bien sera faite par le maire de la commune, avec l'autorisation du préfet, au prorata de la part qui en appartiendra à chacun.

4. Lorsqu'une partie seulement des habitants aura droit à la jouissance, la répartition de la contribution n'aura lieu qu'entre eux, et toujours proportionnellement à leur jouissance respective.

Extrait de la loi de finances du 17 août 1835 portant fixation du budget des recettes de l'exercice 1836.

Art. 2. A dater du 1er janvier 1836, les maisons et usines nouvellement construites ou reconstruites et devenues imposables, seront, d'après une matrice rédigée dans la forme accoutumée, cotisées comme les autres propriétés bâties de la commune où elles sont situées, et accroîtront le contingent dans la contribution foncière et dans la contribution des portes et fenêtres de la commune, de l'arrondissement et du département.

Les propriétés bâties qui auront été détruites ou démolies feront l'objet d'un dégrèvement dans la contribution foncière et dans la contribution des portes et fenêtres pour la commune, l'arrondissement et le département où elles sont situées, jusqu'à concurrence de la part que lesdites propriétés prenaient dans leurs matières imposables.

L'estimation des propriétés bâties devenues imposables sera faite par les commissaires répartiteurs, assistés du contrôleur des contributions directes. Elle sera arrêtée par le préfet, qui pourra, s'il le juge convenable, faire préalablement procéder à la révision par deux experts, dont l'un sera nommé par lui et l'autre par le maire de la commune.

Les frais de l'expertise seront réimposés sur la commune, si l'évaluation est reconnue inexacte ; dans le cas contraire, ils seront imputés sur le fonds de non-valeurs.

Cette expertise ne préjudiciera pas au droit assuré aux contribuables de réclamer, après la mise en recouvrement du rôle, dans la forme et dans le délai prescrit par l'arrêté du 24 floréal an VIII, et dans la loi du 24 avril 1832, au titre des réclamations.

L'état des nouvelles cotisations et des dégrèvements par département sera annexé au budget de chaque année.

Extrait de la loi du 4 août 1844 portant fixation du budget des recettes de l'exercice 1845.

Art. 6. Tout propriétaire ou usufruitier ayant plusieurs fermiers dans la même commune, et qui voudra les charger de payer à son acquit la contribution foncière des biens qu'ils tiennent à ferme ou à loyer, devra remettre au percepteur une déclaration indiquant sommairement la division de son revenu imposable entre lui et ses fermiers.

Cette déclaration sera signée par le propriétaire et par les fermiers.

Si le nombre des fermiers est de plus de trois, la déclaration sera transmise au directeur des contributions directes, qui opèrera la division de la contribution et portera dans un rôle auxiliaire la somme à payer par chaque fermier.

Les frais d'impression et de confection de ce rôle seront payés par les déclarants, à raison de cinq centimes par article.

Loi relative à l'application de l'impôt des mutations des biens de mainmorte.

(16 janvier, 9 et 20 février 1849.)

Art. 1er. Il sera établi, à partir du 1er janvier 1849, sur les biens immeubles passibles de la contribution foncière, appartenant aux départements, communes, hospices, séminaires, fabriques, congrégations religieuses, consistoires, établissements de charité, bureaux de bienfaisance, sociétés anonymes et tous établissements publics légalement autorisés, une taxe annuelle représentative des droits de transmission entre vifs et par décès. Cette taxe sera calculée à raison de soixante-deux centimes et demi pour franc du principal de la contribution foncière.

2. Les formes prescrites pour l'assiette et le recouvrement de la contribution foncière seront suivies pour l'établissement et la perception de la nouvelle taxe.

3. La taxe annuelle établie par la présente loi sera à la charge du propriétaire seul, pendant la durée des baux actuels, nonobstant toutes stipulations contraires.

DE LA CONTRIBUTION PERSONNELLE-MOBILIÈRE.

Extrait de la loi du 21 avril 1832.

TITRE II.

Art. 8. A partir du 1er janvier 1832, la contribution personnelle sera réunie à la contribution mobilière, et ces deux contributions seront établies par voie de répartition entre les départements, les arrondissements, les communes et les contribuables.

9. Le contingent assigné à chaque département sera réparti entre les arrondissements par le conseil général, et entre les communes par les conseils d'arrondissement, d'après le nombre des contribuables passibles de la taxe personnelle et d'après les valeurs locatives d'habitation.

10. La taxe personnelle se compose de la valeur de trois journées de travail. Le conseil général, sur la proposition du préfet, déterminera le prix moyen de la journée de travail dans chaque commune, sans pouvoir néanmoins le fixer au-dessous de 50 c. ni au-dessus de 1 fr. 50 c.

11. Le directeur des contributions directes formera, chaque

année, un tableau présentant, par arrondissement et par commune, le nombre des individus passibles de la taxe personnelle, et le montant de leurs valeurs locatives d'habitation.

Ce tableau servira de renseignement au conseil général et aux conseils d'arrondissement pour la répartition de la contribution personnelle et mobilière.

12. La contribution personnelle et mobilière est due par chaque habitant français et par chaque étranger de tout sexe jouissant de ses droits, et non réputé indigent.

Sont considérés comme jouissant de leurs droits : les veuves et les femmes séparées de leur mari ; les garçons et filles majeurs ou mineurs ayant des moyens suffisants d'existence , soit par leur fortune personnelle, soit par la profession qu'ils exercent , lors même qu'ils habitent avec leur père, mère, tuteur ou curateur.

13. La taxe personnelle n'est due que dans la commune du domicile réel ; la contribution mobilière est due pour toute habitation meublée, située soit dans la commune du domicile réel, soit dans toute autre commune.

Lorsque , par suite de changement de domicile, un contribuable se trouvera imposé dans deux communes , quoique n'ayant qu'une seule habitation , il ne devra la contribution que dans la commune de sa nouvelle résidence.

14. Les officiers de terre et de mer ayant des habitations particulières soit pour eux, soit pour leur famille, les officiers sans troupe, officiers d'état-major , officiers de gendarmerie et de recrutement , les employés de la guerre et de la marine dans les garnisons et dans les ports, les préposés de l'administration des douanes , sont imposables à la contribution personnelle et mobilière , d'après le même mode et dans la même proportion que les autres contribuables.

15. Les fonctionnaires , les ecclésiastiques et les employés civils et militaires , logés gratuitement dans des bâtiments appartenant à l'État, aux départements, aux arrondissements, aux communes ou aux hospices , sont imposables d'après la valeur locative des parties de ces bâtiments affectées à leur habitation personnelle.

16. Les habitants qui n'occupent que des appartements garnis ne seront assujettis à la contribution mobilière qu'à raison de la

valeur locative de leur logement, évalué comme un logement non meublé.

17. Les commissaires répartiteurs, assistés du contrôleur des contributions directes, rédigeront la matrice du rôle de la contribution personnelle et mobilière. Ils porteront sur cette matrice tous les habitants jouissant de leurs droits et non réputés indigents, et détermineront les loyers qui doivent servir de base à la répartition individuelle.

Les parties de bâtiments consacrées à l'habitation personnelle devront seules être comprises dans l'évaluation des loyers.

Il sera formé annuellement un état des mutations survenues pour cause de décès, de changement de résidence, de diminution ou d'augmentation de loyer.

Les répartiteurs pourront faire usage, pour 1832, des éléments d'après lesquels étaient fixées les cotes individuelles antérieurement à 1831.

18. Lors de la formation de la matrice, le travail des répartiteurs sera soumis au conseil municipal, qui désignera les habitants qu'il croira devoir exempter de toute cotisation et ceux qu'il jugera convenable de n'assujettir qu'à la taxe personnelle.

19. Les centimes additionnels généraux et particuliers ajoutés au principal du contingent personnel et mobilier de la commune ne porteront que sur les cotisations mobilières ; la taxe personnelle sera imposée au principal seulement.

20. Dans les villes ayant un octroi, le contingent personnel et mobilier pourra être payé en totalité ou en partie par les caisses municipales, sur la demande qui en sera faite aux préfets par les conseils municipaux. Ces conseils détermineront la portion du contingent qui devra être prélevée sur les produits de l'octroi. La portion à percevoir au moyen d'un rôle sera répartie en cote mobilière seulement, au centime le franc des loyers d'habitation, après déduction des faibles loyers que les conseils municipaux croiront devoir exempter de la cotisation.

Les délibérations prises par les conseils municipaux ne recevront leur exécution qu'après avoir été approuvées par ordonnance royale.

21. La contribution personnelle et mobilière étant établie pour

l'année entière, lorsqu'un contribuable viendra à décéder dans le courant de l'année, ses héritiers seront tenus d'acquitter le montant de sa cote.

22. En cas de déménagement hors du ressort de la perception, comme en cas de vente volontaire ou forcée, la contribution personnelle et mobilière sera exigible pour la totalité de l'année courante.

Les propriétaires, et, à leur place, les principaux locataires, devront, un mois avant l'époque du déménagement de leurs locataires, se faire représenter par ces derniers les quittances de leur contribution personnelle et mobilière. Lorsque les locataires ne représenteront point ces quittances, les propriétaires ou principaux locataires seront tenus, sous leur responsabilité personnelle, de donner dans les trois jours avis du déménagement au percepteur.

23. Dans le cas de déménagement furtif, les propriétaires, et, à leur place, les principaux locataires, deviendront responsables des termes échus de la contribution de leurs locataires, s'ils n'ont pas fait constater dans les trois jours ce déménagement par le maire, le juge de paix ou le commissaire de police.

Dans tous les cas, et nonobstant toute déclaration de leur part, les propriétaires ou principaux locataires demeureront responsables de la contribution des personnes logées par eux en garni, et désignées à l'article 15.

DE LA CONTRIBUTION DES PORTES ET FENÊTRES.

Suite du titre II de la loi du 21 avril 1832.

Art. 24. A partir du 1ᵉʳ janvier 1832, la contribution des portes et fenêtres sera établie par voie de répartition entre les départements, les arrondissements, les communes et les contribuables, conformément au tarif ci-après, sauf les modifications proportionnelles qu'il sera nécessaire de lui faire subir pour remplir les contingents.

POPULATION DES VILLES et des Communes.	POUR LES MAISONS A					POUR LES MAISONS à six ouvertures et au-dessus.		
	1 Ouverture.	2 Ouvertures.	3 Ouvertures.	4 Ouvertures.	5 Ouvertures.	Portes cochères, charretières et de magasins.	Portes ordinaires et fenêtres du rez-de-chaussée, de l'entresol, des 1er et 2e étages.	Fenêtres du 3e étage et des étages supérieurs.
	f. c.	f. c.	f. c.	f. c.	f. c.	f. c.	f. c.	f. c.
Au-dessous de 5,000 âmes	» 30	» 45	» 00	1 60	2 50	1 60	» 60	» 60
de 5,000 à 10,000...	» 40	» 60	1 35	2 20	3 25	3 50	» 75	» 75
de 10,000 à 25,000...	» 50	» 80	1 80	2 80	4 »	7 40	» 90	» 75
de 25,000 à 50,000...	» 60	1 »	2 70	4 »	5 50	11 20	1 20	» 75
de 50,000 à 100,000...	» 80	1 20	3 60	5 20	7 »	15 »	1 50	» 75
Au-dessus de 100,000...	1 »	1 50	4 50	6 40	8 50	18 80	1 80	» 75

Dans les villes et communes au-dessus de cinq mille âmes, la taxe correspondante au chiffre de leur population ne s'appliquera qu'aux habitations comprises dans les limites intérieures de l'octroi. Les habitations dépendantes de la banlieue seront portées dans la classe des communes rurales.

25. Le contingent assigné à chaque département sera réparti entre les arrondissements par le conseil général, et entre les communes par les conseils d'arrondissement, d'après le nombre des ouvertures imposables.

26. Le directeur des contributions directes formera, chaque année, un tableau présentant 1° le nombre des ouvertures imposables des différentes classes; 2° le produit des taxes d'après le tarif; 3° le projet de la répartition.

Ce tableau servira de renseignement au conseil général et aux conseils d'arrondissement pour fixer le contingent des arrondissements et des communes.

27. Les commissaires répartiteurs, assistés du contrôleur des contributions directes, rédigeront la matrice de la contribution des portes et fenêtres d'après les bases fixées par les lois des 4 frimaire an VII et 4 germinal an XI, sauf les modifications ci-après:

Il ne sera compté qu'une seule porte charretière pour chaque ferme, métairie, ou toute autre exploitation rurale.

Les portes charretières existant dans les maisons à une, deux, trois, quatre ou cinq ouvertures, ne seront comptées et taxées que comme portes ordinaires.

Sont imposables les fenêtres dites *mansardes* et autres ouvertures pratiquées dans la toiture des maisons, lorsqu'elles éclairent des appartements habitables.

Les fonctionaires, les ecclésiastiques et les employés civils et militaires, logés gratuitement dans des bâtiments appartenant à l'Etat, aux départements, aux arrondissements, aux communes ou aux hospices, seront imposés nominativement pour les portes et fenêtres des parties de ces bâtiments servant à leur habitation personnelle.

DES RÉCLAMATIONS.

28. Tout contribuable qui se croira surtaxé adressera au préfet ou au sous-préfet, dans les trois premiers mois de l'émission des rôles, sa demande en décharge ou réduction. Il y joindra la quittance des termes échus de sa cotisation, sans pouvoir, sous prétexte de réclamation, différer le payement des termes qui viendront à échoir pendant les trois mois qui suivront la réclamation, dans lesquels elle devra être jugée définitivement.

Le même délai est accordé au contribuable qui réclamera contre son omission au rôle. Le montant des cotisations extraordinaires qui seront établies par suite de ces dernières réclamations, soit en contribution personnelle et mobilière, soit en portes et fenêtres, viendra en déduction du contingent de la commune pour l'année suivante.

Ne sont point assujetties au droit de timbre les réclamations ayant pour objet une cote moindre de 30 fr.

29. La pétition sera renvoyée au contrôleur des contributions directes, qui vérifiera les faits, et donnera son avis après avoir pris celui des répartiteurs.

Si le directeur des contributions directes est d'avis qu'il y a lieu d'admettre la demande, il fera son rapport, et le conseil de préfecture statuera. Dans le cas contraire, le directeur exprimera les motifs de son opinion, transmettra le dossier à la sous-préfecture, et invitera le réclamant à en prendre communication , et à faire connaître dans les dix jours s'il veut fournir de nouvelles observations , ou recourir à la vérification par voie d'experts. Si l'expertise est demandée , les deux experts seront nommés , l'un par le sous-préfet, l'autre par le réclamant, et sera procédé à la vérification dans les formes prescrites par l'arrêté du gouvernement du 24 floréal an VIII.

30. Le recours contre les arrêtés du conseil de préfecture ne sera soumis qu'au droit du timbre. Il pourra être transmis au gouvernement par l'intermédiaire du préfet, sans frais.

Extrait de la loi du 4 août 1844.

Art. 8. Le délai de trois mois accordé aux contribuables par l'article 28 de la loi du 21 avril 1832 pour présenter les réclamations qu'ils sont autorisés à former contre les rôles des contributions directes, ne courra qu'à partir de la publication desdits rôles.

DE LA CONTRIBUTION DES PATENTES.

Extrait de la loi du 25 avril 1844.

Art. 1er. Tout individu , français ou étranger , qui exerce en France un commerce, une industrie, une profession, non compris dans les exceptions déterminées par la présente loi, est assujetti à la contributions des patentes.

2. La contribution des patentes se compose d'un droit fixe et d'un droit proportionnel.

3. Le droit fixe est réglé conformément aux tableaux A, B, C, annexés à la présente loi (1).

(1) Le tableau A se trouve ci-après. On trouvera les tableaux B et C, qui n'ont pu être insérés ici, au *Bulletin des Lois*, pages 427 et 430.

Il est établi :

Eu égard à la population et d'après un tarif général, pour les industries et professions énumérées dans le tableau A ;

Eu égard à la population et d'après un tarif exceptionnel, pour les industries et professions portées dans le tableau B ;

Sans égard à la population, pour celles qui font l'objet du tableau C.

4. Les commerces, industries et professions non dénommés dans ces tableaux n'en sont pas moins assujettis à la patente. Le droit fixe auquel ils doivent être soumis est réglé, d'après l'analogie des opérations ou des objets de commerce, par un arrêté spécial du préfet rendu sur la proposition du directeur des contributions directes, et après avoir pris l'avis du maire.

Tous les cinq ans, des tableaux additionnels contenant la nomenclature des commerces, industries et professions classés par voie d'assimilation, depuis trois années au moins, seront soumis à la sanction législative.

5. Pour les professions dont le droit fixe varie en raison de la population du lieu où elles sont exercées, les tarifs seront appliqués d'après la population qui aura été déterminée par la dernière ordonnance de dénombrement.

Néanmoins, lorsque ce dénombrement fera passer une commune dans une catégorie supérieure à celle dont elle faisait précédemment partie, l'augmentation du droit fixe ne sera appliquée que pour moitié pendant les cinq premières années.

6. Dans les communes dont la population totale est de 5,000 âmes et au-dessus, les patentables exerçant dans la banlieue des professions imposées eu égard à la population payeront le droit fixe d'après le tarif applicable à la population non agglomérée.

Les patentables exerçant lesdites professions dans la partie agglomérée payeront le droit fixe d'après le tarif applicable à la population totale.

7. Le patentable qui exerce plusieurs commerces, industries ou professions, même dans plusieurs communes différentes, ne peut être soumis qu'à un seul droit fixe.

Ce droit est toujours le plus élevé de ceux qu'il aurait à payer s'il était assujetti à autant de droits fixes qu'il exerce de professions.

8. Le droit proportionnel est fixé au vingtième de la valeur locative pour toutes les professions imposables , sauf les exceptions énumérées au tableau D annexé à la présente loi.

9. Le droit proportionnel est établi sur la valeur locative tant de la maison d'habitation que des magasins, boutiques, usines, ateliers, hangars, remises, chantiers et autres locaux servant à l'exercice des professions imposables.

Il est dû , lors même que le logement et les locaux occupés sont concédés à titre gratuit.

La valeur locative est déterminée soit au moyen de baux authentiques , soit par comparaison avec d'autres locaux dont le loyer aura été régulièrement constaté , ou sera notoirement connu , et, à défaut de ces bases, par voie d'appréciation.

Le droit proportionnel pour les usines et les établissements industriels est calculé sur la valeur locative de ces établissements , pris dans leur ensemble et munis de tous leurs moyens matériels de production.

10. Le droit proportionnel est payé dans toutes les communes où sont situés les magasins, boutiques, usines, ateliers, hangars, remises, chantiers et autres locaux servant à l'exercice des professions imposables.

Si , indépendamment de la maison où il fait sa résidence habituelle et principale, et qui, dans tous les cas, sauf l'exception ci-après , doit être soumise au droit proportionnel , le patentable possède, soit dans la même commune, soit dans des communes différentes, une ou plusieurs maisons d'habitation , il ne paye le droit proportionnel que pour celles de ces maisons qui servent à l'exercice de sa profession.

Si l'industrie pour laquelle il est assujetti à la patente ne constitue pas sa profession principale, et s'il ne l'exerce pas par lui-même, il ne paye le droit proportionnel que sur la maison d'habitation de l'agent préposé à l'exploitation.

11. Le patentable qui exerce dans un même local , ou dans des locaux non distincts, plusieurs industries ou professions passibles d'un droit proportionnel différent , paye ce droit d'après le taux applicable à la profession pour laquelle il est assujetti au droit fixe.

Dans le cas où les locaux sont distincts , il ne paye pour chaque local que le droit proportionnel attribué à l'industrie ou à la profession qui y est spécialement exercée.

Dans ce dernier cas, le droit proportionnel n'en demeure pas moins établi sur la maison d'habitation, d'après le taux applicable à la profession pour laquelle le patentable est imposé au droit fixe.

12. Dans les communes dont la population est inférieure à vingt mille âmes, mais qui, en vertu d'un nouveau dénombrement, passent dans la catégorie des communes de vingt mille âmes et audessus, les patentables des septième et huitième classes ne seront soumis au droit proportionnel que dans le cas où une seconde ordonnance de dénombrement aura maintenu lesdites communes dans la même catégorie.

13. Ne sont pas assujettis à la patente :

1° Les fonctionnaires et employés salariés soit par l'État, soit par les administrations départementales ou communales, en ce qui concerne seulement l'exercice de leurs fonctions ;

2° Les notaires, les avoués, les avocats au Conseil, les greffiers, les commissaires-priseurs, les huissiers (1);

3° Les avocats (1);

Les docteurs en médecine ou en chirurgie, les officiers de santé, les sages-femmes et les vétérinaires (1);

Les peintres, sculpteurs, graveurs et dessinateurs considérés comme artistes, et ne vendant que le produit de leur art;

Les architectes considérés comme artistes, ne se livrant pas, même accidentellement, à des entreprises de construction (1);

Les professeurs de belles-lettres, sciences et arts d'agrément ; les chefs d'institution, les maîtres de pension, les instituteurs primaires ;

Les éditeurs de feuilles périodiques ;

Les artistes dramatiques ;

4° Les laboureurs et cultivateurs, seulement pour la vente et la manipulation des récoltes et fruits provenant des terrains qui leur appartiennent ou par eux exploités, et pour le bétail qu'ils y élèvent, qu'ils y entretiennent ou qu'ils y engraissent (1);

1) Abrogé par l'art. 16 de la loi du 18 mai 1850, page 73.

Les concessionnaires de mines pour le seul fait de l'extraction et de la vente des matières par eux extraites ;

Les propriétaires ou fermiers des marais salants ;

Les propriétaires ou locataires louant accidentellement une partie de leur habitation personnelle ;

Les pêcheurs , même lorsque la barque qu'ils montent leur appartient ;

5° Les associés en commandite, les caisses d'épargne et de prévoyance administrées gratuitement, les assurances mutuelles régulièrement autorisées ;

6° Les capitaines de navire de commerce ne naviguant pas pour leur compte ;

Les cantiniers attachés à l'armée ;

Les écrivains publics ;

Les commis et toutes les personnes travaillant à gages, à façon et à la journée, dans les maisons, ateliers et boutiques des personnes de leur profession , ainsi que les ouvriers travaillant chez eux ou chez les particuliers, sans compagnons, apprentis, enseigne ni boutique. Ne sont point considérés comme compagnons ou apprentis, la femme travaillant avec son mari, ni les enfants non mariés travaillant avec leurs père et mère, ni le simple manœuvre dont le concours est indispensable à l'exercice de la profession ;

Les personnes qui vendent en ambulance dans les rues, dans les lieux de passage et dans les marchés, soit des fleurs , de l'amadou , des balais, des statues et figures en plâtre , soit des fruits, des légumes, des poissons, du beurre, des œufs, du fromage et autres menus comestibles ;

Les savetiers, les chiffonniers au crochet, les porteurs d'eau à la bretelle ou avec voiture à bras, les rémouleurs ambulants, les gardes-malades.

14. Tous ceux qui vendent en ambulance des objets non compris dans les exemptions déterminées par l'article précédent, et tous marchands sous échoppe ou en étalage , sont passibles de la moitié des droits que payent les marchands qui vendent les mêmes objets en boutique. Toutefois cette disposition n'est pas applicable aux bouchers, épiciers et autres marchands ayant un étal permanent ou occupant des places fixes dans les halles et marchés.

15. Les mari et femme séparés de biens ne doivent qu'une patente, à moins qu'ils n'aient des établissements distincts, auquel cas chacun d'eux doit avoir sa patente et payer séparément les droits fixes et proportionnels.

16. Les patentes sont personnelles et ne peuvent servir qu'à ceux à qui elles sont délivrées. En conséquence, les associés en nom collectif sont tous assujettis à la patente.

Toutefois l'associé principal paye seul le droit fixe en entier : les autres associés ne sont imposés qu'à la moitié de ce droit, même quand ils ne résident pas tous dans la même commune que l'associé principal.

Le droit proportionnel est établi sur là maison d'habitation de l'associé principal, et sur tous les locaux qui servent à la société pour l'exercice de son industrie.

La maison d'habitation de chacun des autres associés est affranchie du droit proportionnel, à moins qu'elle ne serve à l'exercice de l'industrie sociale.

17. Les sociétés ou compagnies anonymes ayant pour but une entreprise industrielle ou commerciale sont imposées à un seul droit fixe, sous la désignation de l'objet de l'entreprise, sans préjudice du droit proportionnel.

La patente assignée à ces sociétés ou compagnies ne dispense aucun des sociétaires ou actionnaires du payement des droits de patente auxquels ils pourraient être personnellement assujettis pour l'exercice d'une industrie particulière.

18. Tout individu transportant des marchandises de commune en commune, lors même qu'il vend pour le compte de marchands ou fabricants, est tenu d'avoir une patente personnelle, qui est, selon les cas, celle de colporter avec balle, avec bêtes de somme ou avec voiture.

19. Les commis voyageurs des nations étrangères seront traités, relativement à la patente, sur le même pied que les commis voyageurs français chez ces mêmes nations.

20. Les contrôleurs des contributions directes procèderont annuellement au recensement des imposables et à la formation des matrices de patentes.

Le maire sera prévenu de l'époque de l'opération du recensement, et pourra assister le contrôleur dans cette opération, ou se faire représenter, à cet effet, par un délégué.

En cas de dissentiment entre les contrôleurs et les maires ou leurs délégués , les observations contradictoires de ces derniers seront consignées dans une colonne spéciale.

La matrice, dressée par le contrôleur, sera déposée, pendant dix jours, au secrétariat de la mairie, afin que les intéressés puissent en prendre connaissance et remettre au maire leurs observations. A l'expiration d'un second délai de dix jours, le maire , après avoir consigné ses observations sur la matrice, l'adressera au sous-préfet.

Le sous-préfet portera également ses observations sur la matrice , et la transmettra au directeur des contributions directes, qui établira les taxes conformément à la loi, pour tous les articles non contestés. A l'égard des articles sur lesquels le maire ou le sous-préfet ne sera pas d'accord avec le contrôleur , le directeur soumettra les contestations au préfet avec son avis motivé. Si le préfet ne croit pas devoir adopter les propositions du directeur , il en sera référé au ministre des finances.

Le préfet arrête les rôles et les rend exécutoires.

A Paris, l'examen de la matrice des patentes aura lieu, pour chaque arrondissement municipal, par le maire, assisté soit de l'un des membres de la commission des contributions, soit de l'un des agents attachés à cette commission, délégué à cet effet par le préfet.

21. Les patentés qui réclameront contre la fixation de leurs taxes seront admis à prouver la justice de leurs réclamations, par la représentation d'actes de société légalement publiés,de journaux et livres de commerce régulièrement tenus, et par tous autres documents.

22. Les réclamations en décharge ou réduction, et les demandes en remise ou modération, seront communiquées aux maires : elles seront d'ailleurs présentées , instruites et jugées dans les formes et délais prescrits pour les autres contributions directes.

23. La contribution des patentes est due pour l'année entière, par tous les individus exerçant au mois de janvier une profession imposable,

En cas de cession d'établissement, la patente sera, sur la demande du cédant, transférée à son successeur ; la mutation de cote sera réglée par arrêté du préfet.

En cas de fermeture des magasins, boutiques et ateliers, par suite de décès ou de faillite déclarée, les droits ne seront dus que pour le passé et le mois courant. Sur la réclamation des parties intéressées, il sera accordé décharge du surplus de la taxe.

Ceux qui entreprennent, après le mois de janvier, une profession sujette à patente, ne doivent la contribution qu'à partir du 1er du mois dans lequel ils ont commencé d'exercer, à moins que, par sa nature, la profession ne puisse pas être exercée pendant toute l'année. Dans ce cas, la contribution sera due pour l'année entière, quelle que soit l'époque à laquelle la profession aura été entreprise.

Les patentés qui, dans le cours de l'année, entreprennent une profession d'une classe supérieure à celle qu'ils exerçaient d'abord, ou qui transportent leur établissement dans une commune d'une plus forte population, sont tenus de payer au prorata un supplément de droit fixe.

Il est également dû un supplément de droit proportionnel par les patentables qui prennent des maisons ou locaux d'une valeur locative supérieure à celle des maisons ou locaux pour lesquels ils ont été primitivement imposés, et par ceux qui entreprennent une profession passible d'un droit proportionnel plus élevé.

Les suppléments seront dus à compter du 1er du mois dans lequel les changements prévus par les deux derniers paragraphes auront été opérés.

24. La contribution des patentes est payable par douzième, et le recouvrement en est poursuivi comme celui des contributions directes : néanmoins les marchands forains, les colporteurs, les directeurs de troupes ambulantes, les entrepreneurs d'amusements et jeux publics non sédentaires, et tous autres patentables dont la profession n'est pas exercée à demeure fixe, sont tenus d'acquitter le montant total de leur cote, au moment où la patente leur est délivrée.

Dans le cas où le rôle n'est émis que postérieurement au 1er mars, les douzièmes échus ne sont pas immédiatement exigibles : le recouvrement en est fait par portions égales, en même temps que celui des douzièmes non échus.

25. En cas de déménagement hors du ressort de la perception, comme en cas de vente volontaire ou forcée, la contribution des patentes sera immédiatement exigible en totalité.

Les propriétaires, et, à leur place, les principaux locataires, qui n'auront pas, un mois avant le terme fixé par le bail ou par les conventions verbales, donné avis au percepteur du déménagement de leurs locataires, seront responsables des sommes dues par ceux-ci pour la contribution des patentes.

Dans le cas de déménagements furtifs, les propriétaires, et, à leur place, les principaux locataires, deviendront responsables de la contributions de leurs locataires, s'ils n'ont pas, dans les trois jours, donné avis du déménagement au percepteur.

La part de la contribution laissée à la charge des propriétaires ou principaux locataires par les paragraphes précédents comprendra seulement le dernier douzième échu et le douzième courant, dus par le patentable.

26. Les formules de patentes sont expédiées par le directeur des contributions directes sur des feuilles timbrées de 1 fr. 25 cent. (1). Le prix du timbre est acquitté en même temps que le premier douzième des droits de patente.

Les formules de patentes sont visées par le maire et revêtues du sceau de la commune.

27. Tout patentable est tenu d'exhiber sa patente lorsqu'il en est requis par les maires, adjoints, juges de paix, et tous autres officiers ou agents de police judiciaire.

28. Les marchandises mises en vente par les individus non munis de patentes, et vendant hors de leur domicile, seront saisies ou séquestrées aux frais du vendeur, à moins qu'il ne donne caution suffisante jusqu'à la représentation de la patente ou la production de la preuve que la patente a été délivrée. Si l'individu non muni de patente exerce au lieu de son domicile, il sera dressé un procès-verbal qui sera transmis immédiatement aux agents des contributions directes.

29. Nul ne pourra former de demande, fournir aucune exception ou défense en justice, ni faire aucun acte ou signification extra-judiciaire pour tout ce qui sera relatif à son commerce, sa profession ou son industrie, sans qu'il soit fait mention, en tête des actes, de sa patente, avec désignation de la date, du numéro de la commune

----

(1) Modifié par l'art, 12, de la loi du 4 juin 1858, page 75.

où elle aura été délivré, à peine d'une amende de 25 fr., tant contre les particuliers sujets à la patente que contre les officiers ministériels qui auraient fait et reçu lesdits actes sans mention de la patente. La condamnation à cette amende sera poursuivie, à la requête du procureur du roi, devant le tribunal civil de l'arrondissement.

Le rapport de la patente ne pourra suppléer au défaut de l'énonciation, ni dispenser de l'amende prononcée (1).

30. Les agents des contributions directes peuvent, sur la demande qui leur en est faite, délivrer des patentes avant l'émission du rôle, après toutefois que les requérants ont acquitté entre les mains du percepteur les douzièmes échus, s'il s'agit d'individus domiciliés dans le ressort de la perception, ou la totalité des droits, s'il s'agit des patentables désignés en l'article 24 ci-dessus, ou d'individus étrangers au ressort de la perception.

31. Le patenté qui aura égaré sa patente ou qui sera dans le cas d'en justifier hors de son domicile pourra se faire délivrer un certificat par le directeur ou par le contrôleur des contributions directes. Ce certificat fera mention des motifs qui obligent le patenté à le réclamer, et devra être sur papier timbré.

32. Il est ajouté au principal de la contribution des patentes 05 cent. par franc, dont le produit est destiné à couvrir les décharges, réductions, remises et modérations, ainsi que les frais d'impression et d'expédition des formules des patentes.

En cas d'insuffisance des 05 cent., le montant du déficit est prélevé sur le principal des rôles.

Il est, en outre, prélevé sur le principal 08 cent., dont le produit est versé dans la caisse municipale.

33. Les contributions spéciales destinées à subvenir aux dépenses des bourses et chambres de commerce, et dont la perception est autorisée par l'article 11 de la loi du 23 juillet 1820, seront réparties sur les patentables des trois premières classes du tableau **A** annexé à la présente loi, et sur ceux désignés dans les tableaux **B** et **C**, comme passibles d'un droit fixe égal ou supérieur à celui desdites classes.

Les associés des établissements compris dans les classes et ta-

(1) Abrogé par l'art. 22 de la loi du 18 mai 1850, page 74.

bleaux sus-désignés contribueront aux frais des bourses et chambres de commerce.

34. La contribution des patentes sera établie conformément à la présente loi à partir du 1er janvier 1845.

35. Toutes les dispositions contraires à la présente loi seront et demeureront abrogées à partir de la même époque, sans préjudice des lois et des règlements de police qui sont ou pourront être faits.

Extrait de la loi du 18 mai 1850 portant fixation du budget des recettes de 1850.

—

TITRE VI.

SUR LES PATENTES.

Art. 16. Les tarifs et tableaux annexés à la loi du 25 avril 1844, sur les patentes, sont modifiés et complétés conformément aux tableaux D, E, F, G, annexés à la présente loi (1).

17. Les patentables exerçant plusieurs des industries tarifées au tableau C annexé à la loi du 25 avril 1844, et au tableau F annexé à la présente loi, en raison du nombre d'ouvriers, de machines ou instruments, seront imposés d'après tous ces moyens de production, sans toutefois que le droit fixe puisse dépasser le maximum établi pour celle des industries exercées qui est passible du droit fixe le plus élevé.

18. Ne sont point considérées comme donnant lieu à l'exemption de patente prévue à l'article 13, paragraphe 4, de la loi du 25 avril 1844, les transformations des récoltes et fruits, pratiquées au moyen d'agents chimiques, de machines ou ustensiles, autres que ceux servant aux travaux habituels de l'agriculture.

19. Les patentables compris aux tableaux A et B annexés à la loi du 25 avril 1844, et aux tableaux D et E annexés à la présente loi, ayant plusieurs établissements, boutiques ou magasins de même espèce ou d'espèces différentes, payeront un droit fixe entier pour l'établissement donnant lieu au droit le plus élevé, soit en raison de la population, soit en raison de la nature du commerce, de l'indus-

(1) Pour les tableaux D, E, F, G, voir le *Bulletin des Lois*.

trie ou de la profession, et, en outre, pour chacun des autres établissements, boutiques ou magasins, un demi-droit fixe calculé en raison de la population et de la profession exercée dans l'établissement.

La somme des demi-droits fixes additionnels ne pourra, dans aucun cas, excéder le double du droit fixe principal.

20. Les patentables des quatre dernières classes du tableau A annexé à la loi du 25 avril 1844, et du tableau D annexé à la présente loi, qui exercent pour leur compte des professions consistant en un travail de fabrication, confection ou main-d'œuvre, ne seront imposés qu'à la moitié des droits, lorsqu'ils travailleront sans compagnon ni apprenti.

21. Est ajouté à l'article 20 de la loi du 25 avril 1844 le paragraphe additionnel suivant :

Les matrices, revêtues des observations du maire de chaque arrondissement, seront centralisées à la commission des contributions, qui, après y avoir aussi consigné ses observations, les transmettra au directeur des contributions, comme il est dit au cinquième paragraphe.

22. L'article 37 de la loi du 1er brumaire an vii, sur les patentes, et l'article 29 de la loi du 25 avril 1844, sont abrogés.

23. Le droit fixe de patente exigible des associés en nom collectif, en vertu de l'article 16 de la loi du 25 avril 1844, ne sera que du vingtième du droit fixe payé par l'associé principal, pour les associés habituellement employés comme simples ouvriers dans les travaux de l'association.

24. Les dispositions du dernier paragraphe de l'article 17 de la loi du 25 avril 1844, concernant la patente due par les sociétaires ou actionnaires des sociétés ou compagnies anonymes, lorsqu'ils exercent une industrie particulière, sont déclarées applicables aux gérants et associés solidaires des sociétés en commandite.

Extrait de la loi du 10 juin 1853 portant fixation du budget général des dépenses et des recettes de l'exercice 1854.

Art. 13. A partir du 1er janvier 1854, les fabricants à métiers à façon ayant moins de dix métiers seront exemptés de patentes.

Extrait de la loi du 4 juin 1858 portant fixation du budget général des dépenses et des recettes de l'exercice 1859.

Art. 8. Les tarifs et tableaux concernant les patentes, annexés aux lois des 25 avril 1844 et 18 mai 1850, sont modifiés conformément au tableau annexé à la présente loi.

9. Le patentable ayant plusieurs établissements, boutiques ou magasins de même espèce ou d'espèces différentes, est, quelle que soit sa classe ou sa catégorie comme patentable, imposable au droit fixe entier pour l'établissement, la boutique ou le magasin donnant lieu au droit fixe le plus élevé, soit en raison de la population, soit en raison de la nature du commerce, de l'industrie ou de la profession.

Il est imposable, pour chacun des autres établissements, boutiques ou magasins, à la moitié du droit fixe afférent au commerce, à l'industrie ou à la profession qui y sont exercés.

Les droits fixes et demi-droits fixes sont imposables dans les communes où sont situés les établissements, boutiques ou magasins qui y donnent lieu.

10. Dans les établissements à raison desquels le droit fixe de patente est réglé d'après le nombre des ouvriers, les individus au-dessous de seize ans et au-dessus de soixante-cinq ne seront comptés dans les éléments de cotisation que pour la moitié de leur nombre.

11. L'exemption des droits de patente prononcée par l'article 13, paragraphe 6, de la loi du 25 avril 1844, en faveur des ouvriers travaillant chez eux ou chez les particuliers sans compagnon, apprenti, enseigne ni boutique, est applicable aux ouvriers travaillant dans ces conditions pour leur propre compte et avec des matières à eux appartenant, comme à ceux qui travaillent à la journée ou à la façon.

Ne sont point considérés comme compagnons ou apprentis, la femme travaillant avec son mari, ni les enfants non mariés travaillant avec leurs père et mère, ni le simple manœuvre dont le concours est indispensable à l'exercice de la profession.

12. Les formules de patente sont affranchies du droit de timbre établi par l'article 26 de la loi du 25 avril 1844.

En remplacement de ce droit, il est ajouté quatre centimes additionnels au principal de la contribution des patentes.

13. Sont imposables, au moyen des rôles supplémentaires, les individus omis aux rôles primitifs qui exerçaient, avant le 1er janvier de l'année de l'émission de ces rôles, une profession, un commerce ou une industrie sujets à patente, ou qui, antérieurement à la même époque, avaient apporté dans leur profession, commerce ou industrie, des changements donnant lieu à des augmentations de droits.

Toutefois les droits ne sont dus qu'à partir du 1er janvier de l'année pour laquelle le rôle primitif a été émis.

A l'égard des changements survenus dans le cours de ladite année, la contribution n'est perçue qu'à partir du 1er du mois dans lequel la profession a été embrassée ou le changement introduit.

Dans tous les cas, les douzièmes échus ne sont pas immédiatement exigibles ; le recouvrement en est fait par portions égales, en même temps que celui des douzièmes non échus.

Extrait de la loi du 2 juillet 1862 portant fixation du budget général ordinaire des dépenses et recettes de l'exercice 1863.

Art. 3. Les dispositions du paragraphe 6 de l'article 13 de la loi du 25 avril 1844 et de l'art. 11 de la loi du 4 juin 1858, relatives aux exceptions de patente prononcées en faveur des ouvriers, seront désormais appliquées aux ouvriers ayant une enseigne ou une boutique comme à ceux qui n'en ont point, si d'ailleurs ces ouvriers réunissent les autres conditions d'exemption énoncées aux paragraphes et aux articles précités.

TABLEAU **A.**

CLASSES.	DROIT FIXE DANS LES COMMUNES.							
	au-dessus de 100,000 âmes.	de 50,001 à 100,000 âmes.	de 30,001 à 50,000 âmes.	de 20,001 à 30,000 âmes.	de 10,001 à 20,000 âmes.	de 5,001 à 10,000 âmes.	de 2,001 à 5,000 âmes.	de 2,000 âmes et au-dessous.
	fr.	fr.	fr.	fr.	fr.	fr.	fr.	fr.
1ʳᵉ...	300	240	180	120	80	60	45	35
2ᵉ ...	150	120	90	60	45	40	30	25
3ᵉ ...	100	80	60	40	30	25	22	18
4ᵉ ...	75	60	45	30	25	20	18	12
5ᵉ ...	50	40	·30	20	15	12	9	7
6ᵉ ...	40	32	24	16	10	8	6	4
7ᵉ ...	20	16	12	8	*8	*5	*4	*3
8ᵉ ...	12	10	8	6	*5	*4	*3	*2

Le signe * veut dire exemption du droit proportionnel.

DES DÉGRÈVEMENTS D'IMPOTS.

Les demandes en dégrèvement d'impôt sont comprises sous quatre dénominations :

1º La décharge et la réduction ;

2º La remise et la modération.

DÉFINITION.

Il y a lieu à décharge lorsqu'un contribuable a été imposé pour un bien ou des facultés qu'il n'a pas, ou dans une commune où il n'est ni habitant ni propriétaire ;

A réduction, lorsque sa cote se trouve trop forte, bien qu'elle soit établie dans le rôle où elle doit l'être.

A remise, lorsque le contribuable justement imposé a perdu en totalité les revenus ou les facultés pour lesquels il a été imposé.

A modération, s'il n'a perdu qu'une partie de ces revenus ou facultés.

La décharge et la réduction sont de droit et elles sont soumises au jugement du conseil de préfecture.

La remise et la modération sont de justice gracieuse et elles sont accordées ou rejetées par le préfet.

FORME ET PRÉSENTATION DES DEMANDES.

Les demandes en décharge ou réduction continuent, comme par le passé, à être adressées au Préfet. (Voir la circulaire du Ministre, page 25).

Elles doivent être présentées dans les trois mois qui suivent la publication des rôles. (Page 63, art. 8.)

Ces trois mois courent à partir de la date portée dans les bulletins d'avertissement.

Toute réclamation qui serait produite après le délai de trois mois, à partir de la publication des rôles, a encouru la déchéance, sauf le cas de changement de résidence, dans lequel cas le délai de trois mois ne peut courir qu'à partir du jour où le bulletin d'avertissement aura été remis au réclamant.

Les trois mois après lesquels la déchéance est encourue comptent à partir du jour du dépôt à la préfecture, et non à partir de la date de la réclamation.

Le jour de la publication du rôle et celui de l'échéance ne sont pas compris. (Arrêt du Conseil d'Etat du 9 juillet 1846).

Bien que les rôles des prestations en nature soient publiés dans les derniers mois de l'année qui précède celle de leur mise en recouvrement, le délai des réclamations ne court, pour cette contribution, qu'à partir du 1er janvier. (Circulaire du 12 décembre 1846, arrêt du Conseil d'Etat du 18 avril 1845).

On doit former une pétition distincte pour chaque nature de contributions et pour chaque arrondissement de perception.

Les pétitions seront rédigées sur papier timbré si la cote est de 30 francs et au-dessus.

Au-dessous de cette somme, elles peuvent être faites sur papier libre.

Les réclamations pour prestations en nature sont dispensées du timbre, quel que soit le montant de la cote.

Une réclamation faite sur papier libre ne peut être utilement reproduite sur papier timbré que dans les trois mois qui suivent la publication du rôle.

Toutes réclamations présentées après la fin de janvier, doivent être accompagnées de la quittance des termes échus.

On y joindra la feuille d'avertissement ou un extrait du rôle.

Elles doivent être datées, contenir une élection de domicile, les motifs sur lesquels la demande est établie, et être signées par le requérant, à moins qu'il ne soit illettré.

Dans ce cas, si la pétition est écrite par un tiers, elle doit être certifiée par le Maire, ou, si elle est signée par un mandataire, le mandat doit y être joint.

Nul ne peut réclamer pour autrui, s'il ne justifie de son mandat.

Un père peut réclamer pour ses enfants mineurs ou interdits.

Un tuteur, pour les biens du mineur ou de l'interdit.

Les syndics chargés de la liquidation d'une faillite, pour les négociants à l'encontre desquels la liquidation est ordonnée.

Le pétitionnaire qui, après avoir formé une réclamation, attend que le conseil de préfecture ait statué, est obligé de payer les trois douzièmes qui viennent à échoir après sa présentation.

Dans le cas où un percepteur exercerait des poursuites pour les douzièmes suivants, les frais resteraient à sa charge. (Arrêt du Conseil d'Etat du 30 octobre 1848.)

Toutes les demandes, après avoir été dûment enregistrées, sont transmises au directeur des contributions directes qui est chargé de les instruire.

Le dossier est ensuite renvoyé par ce dernier à la préfecture.

Il informe le même jour le réclamant du dépôt qui en est fait dans le bureau des finances, en l'invitant à prendre communication des avis et rapports qui sont transcrits sur la feuille d'instruction et à faire connaître, dans le délai de quinze jours, s'il veut fournir de nouvelles observations ou recourir à la vérification par voie d'expertise, et présenter des observations orales devant le conseil de préfecture. (Voir la circulaire du Ministre de l'Intérieur, page 25.)

Tout réclamant ne peut user du droit de présenter des observations orales qu'en le demandant par écrit.

(Voir le décret du 12 juillet 1865, page 21, art. 6.)

Nous ferons remarquer que beaucoup de personnes attendent le dernier moment pour demander l'expertise, et le font oralement dans les séances publiques.

Il serait cependant plus régulier d'y avoir recours pendant le dépôt de **15** jours.

Si de nouvelles observations sont présentées pendant le dépôt, sans recourir à l'expertise, le dossier est renvoyé au Directeur qui, après vérification des nouveaux dires, fait un second rapport pour maintenir ou modifier ses premières conclusions, s'il y a lieu.

En cas d'expertise, les experts sont nommés, l'un par le préfet (le sous-préfet dans les arrondissements) l'autre, par le réclamant. (Lois des 21 avril 1832, 21 mai 1836).

Toutes les pièces sont communiquées au directeur qui les fait parvenir au contrôleur, chargé de diriger l'opération en présence des deux parties ou de leurs fondés de pouvoirs, pour les contributions foncières, des portes et fenêtres, personnelle-mobilière et pour les prestations. En ce qui concerne les patentes, le Maire ou son délégué doit y assister.

(Loi du 24 mai 1836)..

Le contrôleur rédige le procès-verbal et transmet le dossier au directeur qui, après avoir fait son rapport, le renvoie au préfet pour être soumis au jugement du conseil.

Le Conseil peut, en outre, ordonner une contre-expertise, qui est faite par l'inspecteur, en présence des parties ou du Maire, selon le cas.

DES FRAIS D'EXPERTISE.

Le conseil de préfecture règle le nombre des vacations des experts, dont la quotité est fixée par le Préfet.

Les frais sont supportés par le réclamant lorsque la demande est rejetée; si, au contraire, elle est admise, ils restent à la charge de l'Etat ou de la commune, suivant que l'un ou l'autre s'y trouve intéressé.

S'il n'a pas été fourni de nouvelles observations pendant le dépôt, le dossier est transmis au greffe du conseil.

Il en est de même si le directeur est d'avis qu'il y a lieu d'admettre la demande.

DES MUTATIONS DE COTES.

Il y a lieu à mutation de cote lorsqu'une propriété a été imposée sous un autre nom que celui de son véritable propriétaire.

Le conseil de préfecture statue sur les mutations de cote.

Ces demandes ne peuvent être formées que pour les contributions foncière et des portes et fenêtres.

DU TRANSFERT DES PATENTES.

Le transfert de patentes est réglé par le préfet.
(Art. 23 de la loi du 25 avril 1844, page 69).

COTES INDUMENT IMPOSÉES.

Les cotes indûment imposées sont celles qui proviennent d'erreurs matérielles.

Les percepteurs forment, dans les trois mois de la publication des rôles, des états de ces cotes qui sont instruits comme toutes les demandes en dégrèvement et adressés ensuite par le directeur au Préfet, qui les transmet au conseil de préfecture.

TAXES ASSIMILÉES AUX CONTRIBUTIONS.

Le mode d'introduction des demandes pour les dégrèvements relatifs aux taxes assimilées aux contributions
est le même que pour les contributions directes.

RESPONSABILITÉ
DES PROPRIÉTAIRES ET PRINCIPAUX LOCATAIRES.

Les demandes tendant à obtenir décharge de la
responsabilité invoquée par les percepteurs contre les
propriétaires et, à leur place, les principaux locataires
pour la contribution personnelle-mobilière, et des patentes, sont transmises par le préfet au trésorier payeur
général qui, après avoir recueilli les observations du
percepteur, les renvoie à la Préfecture avec son avis.

Le directeur des contributions directes en est alors
saisi et, sur l'avis motivé du contrôleur, il adresse
son rapport à la préfecture pour être statué par le
conseil.

(Voir pour la personnelle-mobilière, les art. 22 et
23 de la loi du 21 avril 1832, page 60. Pour la patente,
l'art. 25 de la loi du 25 avril 1844, pages 70 et 71.)

DU JUGEMENT DES CONTRIBUTIONS.

A leur arrivée au greffe, les dossiers de contributions sont timbrés et enregistrés.

Le président du conseil désigne le rapporteur.

Lorsque les dossiers sont en état ils sont remis au secrétaire-greffier qui les transmet au Commissaire du gouvernement.

Le rôle de la séance est arrêté par le président, sur la proposition du Commissaire du gouvernement.

(Voir les art. 1, 2, 9, 10 et 11 du décret du 12 juillet 1865, pages 22 et 23.)

Huit jours avant l'audience, le rôle est affiché à la porte du greffe, et les contribuables sont avertis par lettres non affranchies du jour et de l'heure de cette séance.

Les personnes qui, par indisposition ou tout autre motif, désireraient faire renvoyer leur affaire, doivent en informer par écrit le vice-président du conseil, ou le demander à la séance.

Les observations orales doivent être sommaires et ne pas introduire de nouveaux chefs de réclamation. (Circulaire du 21 juillet 1865 , page 25.) Si, cependant, ce cas se produisait, toute nouvelle allégation devant être faite par écrit pour être soumise au directeur des contributions directes, le conseil aurait à examiner d'abord si l'observation est fondée. Dans ce cas, il renverrait le dossier à la direction pour supplément d'instruction, en invitant le contribuable à déposer ses moyens de défense au greffe.

La partie intéressée recevrait avis du jour où son affaire serait de nouveau appelée.

DE LA NOTIFICATION DE LA DÉCISION.

Quand le conseil de préfecture a statué, les dossiers sont transmis au bureau des finances qui, après les avoir enregistrés, les renvoie au directeur chargé de notifier aux réclamants la décision du conseil.

Cette notification a lieu par une lettre indiquant le dégrèvement ou le rejet.

DU RECOURS AU CONSEIL D'ETAT.

Les décisions des conseils de préfecture relatives aux contributions sont *sujettes* à l'appel devant le Conseil d'Etat.

Le recours au Conseil d'Etat n'est pas suspensif.

Le contribuable réclamant doit acquitter en entier le montant de ses contributions, si sa demande a été rejetée pas le Conseil de Préfecture, et nonobstant appel. (Arrêt du Conseil d'Etat du 30 octobre 1848.)

Le pourvoi doit être formé dans les trois mois de la notification de la décision, qui est faite par le directeur des contributions directes. La lettre d'avis informe le réclamant du délai qui lui est accordé et qui est augmenté des délais fixés par l'art. 73 du Code de procédure civile.

Le pourvoi n'est soumis qu'au droit du timbre et peut être transmis au gouvernement sans frais, par l'intermédiaire du préfet.

Il pourra aussi être formé par le ministère d'un avocat au Conseil d'Etat.

(Voir l'art. 30 de la loi du 24 avril 1832, page 63).

Le réclamant pourra se procurer au greffe l'expédition de la décision et des rapports pour les joindre à son pourvoi.

Ces expéditions sont délivrées sur des feuilles de papier timbré de fr. 1 50. Il est, en outre, perçu fr. 0.75 par rôle pour frais d'expédition, conformément à la loi du 7 messidor an II. (Arrêt du Conseil d'Etat du 26 avril 1851.)

DES TRAVAUX PUBLICS.

Loi du 16 septembre 1807.

TITRE PREMIER.

DESSÉCHEMENT DES MARAIS.

Art. 1er. La propriété des marais est soumise à des règles particulières.

Le gouvernement ordonnera les desséchements qu'il jugera utiles ou nécessaires.

2. Les desséchements seront exécutés par l'Etat ou par des concessionnaires.

3. Lorsqu'un marais appartiendra à un seul propriétaire, ou lorsque tous les propriétaires seront réunis, la concession du desséchement leur sera toujours accordée, s'ils se soumettent à l'exécuter dans les délais fixés, et conformément aux plans adoptés par le gouvernement.

4. Lorsqu'un marais appartiendra à un propriétaire, ou à une réunion de propriétaires qui ne se soumettront pas à dessécher dans les délais et selon les plans adoptés, ou qui n'exécuteront pas les conditions auxquelles ils se seront soumis ; lorsque les propriétaires ne seront pas tous réunis ; lorsque, parmi lesdits propriétaires, il y aura une ou plusieurs communes, la concession du desséchement aura lieu en faveur des concessionnaires dont la soumission sera jugée la plus avantageuse pour le gouvernement : celles qui seraient faites par des communes propriétaires, ou par un certain nombre de propriétaires réunis, seront préférées à conditions égales.

5. Les concessions seront faites par des décrets rendus en conseil d'Etat, sur des plans levés ou sur des plans vérifiés et approuvés par les ingénieurs des ponts et chaussées, aux conditions prescrites par la présente loi, aux conditions qui seront établies par les règlements généraux à intervenir, et aux charges qui seront fixées à raison des circonstances locales.

6. Les plans seront levés, vérifiés et approuvés aux frais des entrepreneurs du desséchement : si ceux qui auront fait la première soumission et fait lever ou vérifier les plans, ne demeurent pas concessionnaires, ils seront remboursés par ceux auxquels la concession sera définitivement accordée.

Le plan général du marais comprendra tous les terrains qui seront présumés devoir profiter du desséchement. Chaque propriété y sera distinguée, et son étendue exactement circonscrite.

Au plan général seront joints tous les profils et nivellements nécessaires ; ils seront, le plus possible, exprimés sur le plan par des cotes particulières.

TITRE II.

FIXATION DE L'ÉTENDUE, DE L'ESPÈCE ET DE LA VALEUR ESTIMATIVE DES MARAIS AVANT LE DESSÉCHEMENT.

7. Lorsque le gouvernement fera un desséchement, ou lorsque la concession aura été accordée, il sera formé entre les propriétaires un syndicat, à l'effet de nommer les experts qui devront procéder aux estimations statuées par la présente loi.

Les syndics seront nommés par le préfet ; ils seront pris parmi les propriétaires les plus imposés , à raison des marais à dessécher. Les syndics seront au moins au nombre de trois , et au plus au nombre de neuf, ce qui sera déterminé dans l'acte de concession.

8. Les syndics réunis nommeront et présenteront un expert au préfet du département.

Les concessionnaires en présenteront un autre ; le préfet nommera un tiers expert.

Si le desséchement est fait par l'Etat, le préfet nommera le second expert, et le tiers expert sera nommé par le ministre de l'intérieur.

9. Les terrains des marais seront divisés en plusieurs classes , dont le nombre n'excèdera pas dix , et ne pourra être au-dessous de cinq : ces classes seront formées d'après les divers degrés d'inondation. Lorsque la valeur des différentes parties du marais éprouvera d'autres variations que celles provenant des divers degrés de submersion, et dans ce cas seulement , les classes seront formées sans égard à ces divers degrés, et toujours de manière à ce que toutes les terres de même valeur présumée soient dans la même classe.

10. Le périmètre des diverses classes sera tracé sur le plan cadastral qui aura servi de base à l'entreprise.

Ce tracé sera fait par les ingénieurs et les experts réunis.

11. Le plan, ainsi préparé, sera soumis à l'approbation du préfet ; il restera déposé au secrétariat de la préfecture pendant un mois ; les parties intéressées seront invitées, par affiches, à prendre connaissance du plan , à fournir leurs observations sur son exactitude , sur l'étendue donnée aux limites jusques auxquelles se feront sentir les effets du desséchement, et enfin sur le classement des terres.

12. Le préfet, après avoir reçu ces observations, celles en réponse des entrepreneurs du desséchement, celles des ingénieurs et des experts, pourra ordonner les vérifications qu'il jugera convenables.

Dans le cas où, après vérification, les parties intéressées persisteraient dans leurs plaintes, les questions seront portées devant la commission constituée par le titre X de la présente loi.

13. Lorsque les plans auront été définitivement arrêtés, les deux experts nommés par les propriétaires et les entrepreneurs du desséchement se rendront sur les lieux , et, après avoir recueilli tous les renseignements nécessaires, ils procèderont à l'appréciation de cha-

cune des classes composant le marais, eu égard à sa valeur réelle au moment de l'estimation considérée dans son état de marais, et sans pouvoir s'occuper d'une estimation détaillée par propriété.

Les experts procèderont en présence du tiers expert, qui les départagera, s'ils ne peuvent s'accorder.

14. Le procès-verbal d'estimation par classe sera déposé pendant un mois à la préfecture. Les intéressés en seront prévenus par affiches, et s'il survient des réclamations, elles seront jugées par la commission.

Dans tous les cas, l'estimation sera soumise à ladite commission pour être jugée et homologuée par elle ; elle pourra décider outre et contre l'avis des experts.

15. Dès que l'estimation aura été définitivement arrêtée, les travaux de desséchement seront commencés ; ils seront poursuivis et terminés dans les délais fixés par l'acte de concession, sous les peines portées audit acte.

TITRE III.

DES MARAIS PENDANT LE COURS DES TRAVAUX DE DESSÉCHEMENT.

16. Lorsque, d'après l'étendue des marais ou la difficulté des travaux, le desséchement ne pourra être opéré dans trois ans, l'acte de concession pourra attribuer aux entrepreneurs du desséchement une portion en deniers du produit des fonds qui auront les premiers profité des travaux de desséchement.

Les contestations relatives à l'exécution de cette clause de l'acte de concession seront portées devant la commission.

TITRE IV.

DES MARAIS APRÈS LE DESSÉCHEMENT, ET DE L'ESTIMATION DE LEUR VALEUR.

17. Lorsque les travaux prescrits par l'Etat ou par l'acte de concession seront terminés, il sera procédé à leur vérification et réception.

En cas de réclamations, elles seront portées devant la commission, qui les jugera.

18. Dès que la reconnaissance des travaux aura été approuvée, les experts respectivement nommés par les propriétaires et par les entrepreneurs du desséchement, et accompagnés du tiers expert, procèderont, de concert avec les ingénieurs, à une classification des fonds desséchés, suivant leur valeur nouvelle et l'espèce de culture dont ils seront devenus susceptibles.

Cette classification sera vérifiée, arrêtée, suivie d'une estimation, le tout dans les mêmes formes ci-dessus prescrites pour la classification et l'estimation des marais avant le desséchement.

TITRE V.

RÈGLES POUR LE PAYEMENT DES INDEMNITÉS DUES PAR LES PROPRIÉTAIRES, EN CAS DE DÉPOSSESSION.

19. Dès que l'estimation des fonds desséchés aura été arrêtée, les entrepreneurs du desséchement présenteront à la commission un rôle contenant :

1° Le nom des propriétaires ;

2° L'étendue de leur propriété ;

3° Les classes dans lesquelles ils se trouvent placés, le tout relevé sur le plan cadastral ;

4° L'énonciation de la première estimation, calculée à raison de l'étendue et des classes ;

5° Le montant de la valeur nouvelle de la propriété depuis le desséchement, réglée par la seconde estimation et le second classement ;

6° Enfin la différence entre les deux estimations.

S'il reste dans le marais des portions qui n'auront pu être desséchées, elles ne donneront lieu à aucune prétention de la part des entrepreneurs du desséchement.

20. Le montant de la plus-value obtenue par le desséchement sera divisé entre le propriétaire et le concessionnaire, dans les proportions qui auront été fixées par l'acte de concession.

Lorsqu'un desséchement sera fait par l'Etat, sa portion dans la plus-value sera fixée de manière à le rembourser de toutes ses dépenses. Le rôle des indemnités sur la plus-value sera arrêté par la commission et rendu exécutoire par le préfet.

21. Les propriétaires auront la faculté de se libérer de l'indemnité par eux due en délaissant une portion relative de fonds calculée sur le pied de la dernière estimation ; dans ce cas, il n'y aura lieu qu'au droit fixe d'un franc pour l'enregistrement de l'acte de mutation de propriété.

22. Si les propriétaires ne veulent pas délaisser des fonds en nature, ils constitueront une rente sur le pied de quatre pour cent , sans retenue ; le capital de cette rente sera toujours remboursable , même par portions , qui cependant ne pourront être moindres d'un dixième, et moyennant vingt-cinq capitaux.

23. Les indemnités dues aux concessionnaires ou au gouvernement, à raison de la plus-value résultant des desséchements, auront privilége sur toute ladite plus-value, à la charge seulement de faire transcrire l'acte de concession, ou le décret qui ordonnera le desséchement au compte de l'Etat , dans le bureau ou dans les bureaux des hypothèques de l'arrondissement ou des arrondissements de la situation des marais desséchés.

L'hypothèque de tout individu inscrit avant le desséchement sera restreinte , au moyen de la transcription ci-dessus ordonnée , sur une portion de propriété égale en valeur à sa première valeur estimative des terrains desséchés.

24. Dans le cas où le desséchement d'un marais ne pourrait être opéré par les moyens ci-dessus organisés , et où , soit par les obstacles de la nature , soit par des oppositions persévérantes des propriétaires, on ne pourrait parvenir au desséchement, le propriétaire ou les propriétaires de la totalité des marais pourront être contraints à délaisser leur propriété , sur estimation faite dans les formes déjà prescrites.

Cette estimation sera soumise au jugement et à l'homologation d'une commission formée à cet effet, et la cession sera ordonnée , sur le rapport du ministre de l'intérieur, par un règlement d'administration publique.

TITRE VI.

DE LA CONSERVATION DES TRAVAUX DE DESSÉCHEMENT.

25. Durant le cours des travaux de desséchement, les canaux, fossés, rigoles, digues et autres ouvrages, seront entretenus et gardés aux frais des entrepreneurs du desséchement.

26. A compter de la réception des travaux, l'entretien et la garde seront à la charge des propriétaires, tant anciens que nouveaux. Les syndics déjà nommés, auxquels le préfet pourra en adjoindre deux ou quatre pris parmi les nouveaux propriétaires, proposeront au préfet des règlements d'administration publique qui fixeront le genre et l'étendue des contributions nécessaires pour subvenir aux dépenses.

La commission donnera son avis sur ces projets de règlement, et, en les adressant au ministre, proposera aussi la création d'une administration composée de propriétaires, qui devra faire exécuter les travaux ; il sera statué sur le tout en conseil d'Etat.

27. La conservation des travaux de desséchement, celle des digues contre les torrents, rivières et fleuves, et sur les bords des lacs et de la mer, est commise à l'administration publique. Toutes réparations et dommages seront poursuivis par voie administrative, comme pour les objets de grande voirie. Les délits seront poursuivis par les voies ordinaires, soit devant les tribunaux de police correctionnelle, soit devant les cours criminelles, en raison des cas.

TITRE VII.

DES TRAVAUX DE NAVIGATION, DES ROUTES, DES PONTS, DES RUES, PLACES ET QUAIS DANS LES VILLES, DES DIGUES, DES TRAVAUX DE SALUBRITÉ DANS LES COMMUNES.

28. Lorsque, par l'ouverture d'un canal de navigation, par le perfectionnement de la navigation d'une rivière, par l'ouverture d'une grande route, par la construction d'un pont, un ou plusieurs départements, un ou plusieurs arrondissements seront jugés devoir recueillir une amélioration à la valeur de leur territoire, ils seront susceptibles de contribuer aux dépenses des travaux, par voie de

centimes additionnels aux contributions ; et ce dans les proportions qui seront déterminées par des lois spéciales.

Ces contributions ne pourront s'élever au delà de la moitié de la dépense ; le gouvernement fournira l'excédant.

29. Lorsqu'il y aura lieu à l'établissement ou au perfectionnement d'une petite navigation, d'un canal de flottage ; à l'ouverture ou à l'entretien de grandes routes d'un intérêt local ; à la construction ou à l'entretien de ponts sur lesdites routes ou sur des chemins vicinaux, les départements contribueront dans une proportion ; les arrondissements les plus intéressés, dans une autre ; les communes les plus intéressées, d'une manière encore différente : le tout selon les degrés d'utilité respective.

Le gouvernement ne fournira de fonds, dans ce cas, que lorsqu'il le jugera convenable ; les proportions des diverses contributions seront réglées par des lois spéciales.

30. Lorsque, par suite des travaux déjà énoncés dans la présente loi, lorsque par l'ouverture de nouvelles rues, par la formation de places nouvelles, par la construction de quais, ou par tous autres travaux publics généraux, départementaux ou communaux, ordonnés ou approuvés par le gouvernement, des propriétés privées auront acquis une notable augmentation de valeur, ces propriétés pourront être chargées de payer une indemnité qui pourra s'élever jusqu'à la valeur de la moitié des avantages qu'elles auront acquis : le tout sera réglé par estimation dans les formes déjà établies par la présente loi, jugé et homologué par la commission qui aura été nommée à cet effet.

31. Les indemnités pour payement de plus-value seront acquittées, au choix des débiteurs, en argent ou en rentes constituées à quatre pour cent net, ou en délaissement d'une partie de la propriété, si elle est divisible : ils pourront aussi délaisser en entier les fonds, terrains ou bâtiments dont la plus-value donne lieu à l'indemnité, et ce, sur l'estimation réglée d'après la valeur qu'avait l'objet avant l'exécution des travaux desquels la plus-value aura résulté.

Les articles 21 et 23, relatifs aux droits d'enregistrement et aux hypothèques, sont applicables aux cas spécifiés dans le présent article.

32. Les indemnités ne seront dues par les propriétaires des fonds

voisins des travaux effectués que lorsqu'il aura été décidé, par un règlement d'administration publique rendu sur le rapport du ministre de l'intérieur, et après avoir entendu les parties intéressées, qu'il y a lieu à l'application des deux articles précédents.

33. Lorsqu'il s'agira de construire des digues à la mer, ou contre les fleuves, rivières et torrents navigables ou non navigables, la nécessité en sera constatée par le gouvernement, et la dépense supportée par les propriétés protégées, dans la proportion de leur intérêt aux travaux, sauf les cas où le gouvernement croirait utile et juste d'accorder des secours sur les fonds publics.

34. Les formes précédemment établies et l'intervention d'une commission seront appliquées à l'exécution du précédent article.

Lorsqu'il y aura lieu de pourvoir aux dépenses d'entretien ou de réparation des mêmes travaux, au curage des canaux qui sont en même temps de navigation et de desséchement, il sera fait des règlements d'administration publique qui fixeront la part contributive du gouvernement et des propriétaires. Il en sera de même lorsqu'il s'agira de levées, de barrages, de pertuis, d'écluses, auxquels des propriétaires de moulins ou d'usines seraient intéressés.

35. Tous les travaux de salubrité qui intéressent les villes et les communes seront ordonnés par le gouvernement, et les dépenses supportées par les communes intéressées.

36. Tout ce qui est relatif aux travaux de salubrité sera réglé par l'administration publique ; elle aura égard, lors de la rédaction du rôle de la contribution spéciale destinée à faire face aux dépenses de ce genre de travaux, aux avantages immédiats qu'acquerraient telles ou telles propriétés privées, pour les faire contribuer à la décharge de la commune dans des proportions variées et justifiées par les circonstances.

37. L'exécution des deux articles précédents restera dans les attributions des préfets et des conseils de préfecture.

TITRE VIII.

DES TRAVAUX DE ROUTE ET DE NAVIGATION RELATIFS A L'EXPLOITATION DES FORÊTS ET MINIÈRES.

38. Lorsqu'il y aura lieu d'ouvrir ou de perfectionner une route ou des moyens de navigation dont l'objet sera d'exploiter avec éco-

nomie des forêts ou bois, des mines ou minières, ou de leur fournir un débouché, toutes les propriétés de cette espèce, générales, communales ou privées, qui devront en profiter, seront appelées à contribuer pour la totalité de la dépense , dans les proportions variées des avantages qu'elles devront en recueillir.

Le gouvernement pourra néanmoins accorder sur les fonds publics les secours qu'il croira nécessaires.

39. Les propriétaires se libéreront dans les formes énoncées aux articles 21, 22 et 23 de la présente loi.

40. Les formes d'estimation et l'intervention de la commission organisée par la présente loi seront appliquées à l'exécution des deux précédents articles.

TITRE IX.

DE LA CONCESSION DE DIVERS OBJETS DÉPENDANT DU DOMAINE.

41. Le gouvernement concèdera, aux conditions qu'il aura réglées, les marais, lais, relais de la mer, le droit d'endiguage, les accrues, atterrissements et alluvions des fleuves, rivières et torrents, quant à ceux de ces objets qui forment propriété publique ou domaniale.

TITRE X.

DE L'ORGANISATION ET DES ATTRIBUTIONS
DES COMMISSIONS SPÉCIALES.

42. Lorsqu'il s'agira d'un desséchement de marais ou d'autres ouvrages déjà énoncés en la présente loi , et pour lesquels l'intervention d'une commission spéciale est indiquée, cette commission sera établie ainsi qu'il suit :

43. Elle sera composée de sept commissaires : leur avis ou leurs décisions seront motivées ; ils devront, pour les prononcer, être au moins au nombre de cinq.

44. Les commissaires seront pris parmi les personnes qui seront présumées avoir le plus de connaissances relatives soit aux localités, soit aux divers objets sur lesquels ils auront à prononcer.

Ils seront nommés par l'Empereur.

45. Les formes de la réunion des membres de la commission , la fixation des époques de ses séances et des lieux où elles seront tenues, les règles pour la présidence, le secrétariat et la garde des papiers, les frais qu'entraîneront ses opérations, et enfin tout ce qui concerne son organisation, seront déterminées, dans chaque cas, par un règlement d'administration publique.

46. Les commissions spéciales connaîtront de tout ce qui est relatif au classement des diverses propriétés avant ou après le desséchement des marais, à leur estimation, à la vérification de l'exactitude des plans cadastraux, à l'exécution des clauses des actes de concession relatifs à la jouissance par les concessionnaires d'une portion des produits, à la vérification et à la réception du rôle de plus-value des terres après le desséchement; elles donneront leur avis sur l'organisation du mode d'entretien des travaux de desséchement; elles arrêteront les estimations dans le cas prévu par l'article 24, où le gouvernement aurait à déposséder tous les propriétaires d'un marais; elles connaîtront des mêmes objets, lorsqu'il s'agira de fixer la valeur des propriétés, avant l'exécution de travaux d'un autre genre, comme routes, canaux, quais, digues, ponts, rues, etc., après l'exécution desdits travaux, et lorsqu'il sera question de fixer la plus-value.

47. Elles ne pourront, en aucun cas, juger les questions de propriété, sur lesquelles il sera prononcé par les tribunaux ordinaires, sans que, dans aucun cas, les opérations relatives aux travaux, ou l'exécution des décisions de la commission, puissent être retardées ou suspendues.

TITRE XI.

DES INDEMNITÉS AUX PROPRIÉTAIRES POUR OCCUPATIONS DE TERRAINS.

48. Lorsque, pour exécuter un desséchement, l'ouverture d'une nouvelle navigation, un pont, il sera question de supprimer des moulins et autres usines, de les déplacer, modifier, ou de réduire l'élévation de leurs eaux, la nécessité en sera constatée par les ingénieurs des ponts et chaussées. Le prix de l'estimation sera payé

7

par l'Etat, lorsqu'il entreprend les travaux ; lorsqu'ils sont entrepris par des concessionnaires , le prix de l'estimation sera payé avant qu'ils puissent faire cesser le travail des moulins et usines.

Il sera d'abord examiné si l'établissement des moulins et usines est légal , ou si le titre d'établissement ne soumet pas les propriétaires à voir démolir leurs établissements sans indemnité, si l'utilité publique le requiert.

49. Les terrains nécessaires pour l'ouverture des canaux et rigoles de desséchement, des canaux de navigation, de routes, de rues, la formation de places et autres travaux reconnus d'une utilité générale, seront payés à leurs propriétaires, et à dire d'experts, d'après leur valeur avant l'entreprise des travaux, et sans nulle augmentation du prix d'estimation.

50. Lorsqu'un propriétaire fait volontairement démolir sa maison, lorsqu'il est forcé de la démolir pour cause de vétusté, il n'a droit à indemnité que pour la valeur du terrain délaissé , si l'alignement qui lui est donné par les autorités compétentes le force à reculer sa construction.

51. Les maisons et bâtiments dont il serait nécessaire de faire démolir et d'enlever une portion pour cause d'utilité publique légalement reconnue, seront acquis en entier, si le propriétaire l'exige, sauf à l'administration publique ou aux communes à revendre les portions de bâtiments ainsi acquises , et qui ne seront pas nécessaires pour l'exécution du plan. La cession par le propriétaire à l'administration publique ou à la commune, et la revente, seront effectuées d'après un décret rendu en conseil d'Etat, sur le rapport du ministre de l'intérieur, dans les formes prescrites par la loi.

52. Dans les villes, les alignements pour l'ouverture des nouvelles rues, pour l'élargissement des anciennes qui ne font point partie d'une grande route , ou pour tout autre objet d'utilité publique , seront donnés par les maires, conformément au plan dont les projets auront été adressés aux préfets, transmis avec leur avis au ministre de l'intérieur, et arrêtés au conseil d'Etat.

En cas de réclamation de tiers intéressés, il sera de même statué en conseil d'Etat sur le rapport du ministre de l'intérieur.

53. Au cas où, par les alignements arrêtés, un propriétaire pourrait recevoir la faculté de s'avancer sur la voie publique, il sera

tenu de payer la valeur du terrain qui lui sera cédé. Dans la fixation de cette valeur , les experts auront égard à ce que le plus ou le moins de profondeur du terrain cédé, la nature de la propriété, le reculement du reste du terrain bâti ou non bâti, loin de la nouvelle voie , peuvent ajouter ou diminuer de valeur relative pour le propriétaire.

Au cas où le propriétaire ne voudrait point acquérir, l'administration publique est autorisée à le déposséder de l'ensemble de sa propriété , en lui payant la valeur telle qu'elle était avant l'entreprise des travaux. La cession et la revente seront faites comme il a été dit en l'article 51 ci-dessus.

54. Lorsqu'il y aura lieu en même temps à payer une indemnité à un propriétaire pour terrains occupés, et à recevoir de lui une plus-value pour des avantages acquis à ses propriétés restantes, il y aura compensation jusqu'à concurrence ; et le surplus seulement, selon les résultats, sera payé au propriétaire ou acquitté par lui.

55. Les terrains occupés pour prendre les matériaux nécessaires aux routes ou aux constructions publiques pourront être payés aux propriétaires comme s'ils eussent été pris pour la route même.

Il n'y aura lieu à faire entrer dans l'estimation la valeur des matériaux à extraire, que dans les cas où l'on s'emparerait d'une carrière déjà en exploitation ; alors lesdits matériaux seront évalués d'après leur prix courant , abstraction faite de l'existence et des besoins de la route pour laquelle ils seraient pris, ou des constructions auxquelles on les destine.

56. Les experts, pour l'évaluation des indemnités relatives à une occupation de terrain, dans les cas prévus au présent titre, seront nommés pour les objets de travaux de grande voirie , l'un par le propriétaire, l'autre par le préfet; et le tiers expert, s'il en est besoin, sera de droit l'ingénieur en chef du département : lorsqu'il y aura des concessionnaires, un expert sera nommé par le propriétaire, un par le concessionnaire, et le tiers expert par le préfet.

Quant aux travaux des villes, un expert sera nommé par le propriétaire, un par le maire de la ville, ou de l'arrondissement pour Paris, et le tiers expert par le préfet.

57. Le contrôleur et le directeur des contributions donneront leur avis sur le procès-verbal d'expertise , qui sera soumis, par le

préfet a la délibération du conseil de préfecture ; le préfet pourra, dans tous les cas, faire faire une nouvelle expertise.

TITRE XII.

DISPOSITIONS GÉNÉRALES.

58. Les indemnités pour plus-value, dues à raison des travaux déjà entrepris, et spécialement à raison des travaux de desséchement, seront réglées d'après les dispositions de la présente loi. Des règlements d'administration publique statueront sur la possibilité et le mode d'application à chaque cas ou entreprise particulière ; et alors l'organisation et l'intervention de la commission spéciale seront toujours nécessaires.

59. Toutes les lois antérieures cesseront d'avoir leur exécution en ce qui serait contraire à la présente.

Collationné à l'original par nous président et secrétaire du Corps Législatif.

Paris, le 16 septembre 1807.

Signé : FONTANES, président ;

MICHELET – ROCHEMONT , J.-V. DUMOLARD , CHAPPUIS , MILSCENT, secrétaires.

Mandons et ordonnons que les présentes, revêtues des sceaux de l'Etat, insérées au *Bulletin des Lois* , soient adressées aux cours, aux tribunaux et aux autorités administratives , pour qu'ils les inscrivent dans leurs registres, les observent et les fassent observer, et notre grand-juge ministre de la justice est chargé d'en surveiller la publication.

Donné en notre palais impérial de Fontainebleau, le 26 septembre 1807.

Signé : NAPOLÉON.

Vu par nous Archi-Chancelier de l'Empire :

Signé : CAMBACÉRÈS.

Le Grand Juge, Ministre de la justice ,

Signé : REGNIER.

Par l'Empereur ,

Le Ministre Secrétaire d'État , signé : HUGUES B. MARET.

Les affaires contentieuses auxquelles peut donner naissance l'exécution des travaux publics comprennent habituellement :

Les difficultés qui pourraient s'élever entre les entre-preneurs de travaux publics et l'administration concer-nant le sens ou l'exécution des clauses de leurs marchés ;

Les demandes en indemnité pour dommages causés par les travaux de l'État, du département, des communes, des établissements publics et des associations syndicales ;

Les réclamations des particuliers qui se plaindront de torts et dommages procédant du fait personnel des entrepreneurs et non du fait de l'administration.

Bien que la dernière disposition de ce paragraphe soit dans la loi du 28 pluviôse an VIII, une instance peut cependant s'engager à la suite de faits personnels aux agents de l'administration. (Voir l'art. 56 de la loi du 16 septembre 1807, page 99 et l'arrêt du Conseil d'État du 12 avril 1832, le Sr Massip.)

Les demandes et contestations concernant les in-demnités dues aux particuliers à raison de terrains pris ou fouillés pour la confection des chemins, ca-naux et autres ouvrages publics ;

Les difficultés qui pourront s'élever en matière de grande voirie; notamment celles relatives aux voies ferrées.

On distingue deux sortes de dommages :

Temporaires et permanents.

Quelques auteurs, voyant dans ces derniers le caractère

de l'expropriation, en attribuaient la compétence à l'autorité judiciaire. Le Tribunal des conflits, par les arrêts des
29 mars et 3 avril 1850, confirmés par arrêt de la Cour
de Cassation du 29 mars 1852, a tranché cette question.

La compétence administrative ne fait plus de doute.

Nous rappellerons que le dommage, pour donner lieu
à une indemnité, doit être direct et matériel.

Le cadre de cet ouvrage étant restreint aux formes
de procédure, voir pour les questions de droit les traités
et ouvrages spéciaux (1).

DE L'INTRODUCTION DES INSTANCES.

Tout mandataire (exception faite des avocats et des
avoués) doit fournir les preuves de son mandat sur
une feuille de papier timbré de cinquante centimes.

Les mémoires introductifs d'instance seront sur papier
timbré, conformément à l'article 12 de la loi du 13
brumaire an VII ;

Ils doivent être datés, signés, contenir une élection
de domicile et des conclusions.

L'introduction des instances a lieu de deux manières:

1° Par le dépôt au greffe, sur récépissé, du mémoire introductif d'instance ;

2° Par la signification du mémoire introductif d'instance à la partie adverse, suivi d'un exploit d'ajourne-
ment, non à jour fixe, mais à la *première audience utile.*

(1) *Voir* l'appendice, page 168

Le jour où cette signification a eu lieu, le demandeur doit déposer l'original du mémoire et de la citation au greffe du conseil de préfecture.

Il lui est donné récépissé de ce dépôt.

Le secrétaire-greffier ne répond que des pièces dont il a *délivré récépissé*.

Le premier mode d'introduction est désigné à l'article 1er du décret du 12 juillet 1865, page 22.

Le second a été introduit par l'usage, comme se rapprochant davantage de la procédure ordinaire et des principes du droit commun.

La procédure par citation directe a été la suite de la nouvelle organisation des conseils.

En 1866, sur 81 affaires de travaux publics déposées au greffe du conseil de préfecture des Bouches-du-Rhône, 14 seulement n'étaient pas suivies de citations en due forme.

Les dépens n'étaient pas admis généralement devant les Conseils avant le décret du 30 décembre 1862, et le demandeur reculait toujours devant une dépense qui pouvait, il est vrai, accélérer l'instruction de son affaire, mais qui restait toujours à sa charge, malgré le gain du procès.

Aujourd'hui, le plus grand nombre des conseils de préfecture admettent les frais de signification par voie d'huissier, et les plaideurs qui, forts de leurs droits, désirent arriver promptement à une solution, ne craignent plus de voir rester à leur charge des frais qu'ils auraient fait autrefois en pure perte.

De là, l'usage des citations directes qui s'est, peu à peu, introduit dans plusieurs départements comme étant plus sûr et plus prompt.

FORMATION DU DOSSIER
ET DÉSIGNATION DU RAPPORTEUR.

Le jour même du dépôt, le mémoire est timbré et enregistré, et le secrétaire-greffier, après avoir formé un dossier, le transmet au président qui désigne le rapporteur chargé, sous l'autorité du conseil, de régler les diverses communications nécessaires à l'instruction.

(Voir les articles 1, 2, 3, 4, page 29.)

Les communications se font au greffe sans déplacement de pièces.

(Article 7, page 23.)

Les décisions prises par le conseil, pour obtenir le dépôt des moyens de défense, sont notifiées aux parties dans la forme administrative.

(Voir l'art. 5, pages 20 et 21.)

Du cas où le défendeur ne déposerait pas son mémoire en défense dans le délai fixé par le Conseil.

Dans le cas ou le défendeur ne fournirait pas sa défense dans le délai fixé par le conseil, le demandeur aurait le droit incontestable, à l'expiration du délai, de sommer son adversaire d'avoir à effectuer le dépôt de son mémoire en réponse, dans la huitaine, par exemple, avec déclaration qu'il requerra, après ce nouveau délai, une décision par défaut.

Nous pensons que le Conseil, sur le dépôt de l'original de cette sommation au greffe, ne pourrait qu'y faire droit.

Quand l'affaire est en état, le rapporteur prépare un rapport et un projet de décision.

(Article 9, page 23.)

Le secrétaire-greffier transmet alors le dossier au commissaire du gouvernement, qui propose le jour de la séance, laquelle est fixée définitivement par le président.

(Articles 10 et 11, page 23.)

Le rôle de la séance est affiché huit jours à l'avance à la porte du greffe.

Les parties sont averties par lettres non affranchies du jour et de l'heure de l'audience.

(Article 12, page 24.)

DES DEMANDES EN GARANTIE.

Il arrive souvent que l'administration ou le particulier attaqué a recours contre un tiers qui est la cause première du dommage ; de là les demandes en garantie.

Ces demandes peuvent être introduites par un simple mémoire sur papier timbré ou par voie de citation directe, mais avec dépôt de la citation au greffe.

DE L'INTERVENTION ET DES DEMANDES INCIDENTES.

L'intervention d'un tiers dans un procès est considérée comme une demande incidente.

On sait que les demandes incidentes sont celles qui, par leur analogie avec la demande principale, peuvent être soumises à la même instruction et terminées par un même arrêté.

L'introduction de ces demandes a lieu également par un mémoire ou par citation directe.

DE L'EXPERTISE.

L'expertise étant presque toujours obligatoire en matière de travaux publics, les parties pourraient ajouter cette phrase dans leurs mémoires :

Et pour le cas où une expertise serait reconnue nécessaire par le Conseil, désignons, d'hors et déjà, le sieur..... pour notre expert.

Si l'expert n'a pas été désigné dans le mémoire, il pourra l'être à l'audience.

Le Conseil donne alors acte du choix qui a été fait,

DÉSIGNATION DES EXPERTS D'OFFICE.

Quand les parties ne désignent pas leur expert, le Conseil les nomme d'office, à moins qu'elles n'en désignent un autre dans un délai déterminé.

NOTIFICATION DES ARRÊTÉS INTERLOCUTOIRES.

C'est à la partie la plus diligente qu'il appartient de notifier l'arrêté de nomination d'expert.

C'est à elle aussi qu'il incombe d'inviter les experts à prêter serment, soit verbalement ou par lettre, soit par une sommation.

RÉCUSATION D'EXPERTS.

Les récusations d'experts doivent être faites sur papier timbré, contenir le motif de la récusation et être déposées au greffe, après avoir été notifiées à la partie, si on suit le mode d'introduction indiqué plus haut, page 102.

Les experts prêtent serment les jours de séance du conseil de préfecture.

Ils prêtent serment devant le juge de paix, lorsque l'arrêté de nomination en fait mention.

Il leur est délivré une expédition de leur prestation de serment, qui contient les points à éclaircir et sur lesquels l'expertise doit porter, ainsi que le jour et l'heure où l'opération aura lieu.

Il leur est remis en communication, sur récépissé, les pièces versées au dossier qui peuvent leur être nécessaires,

Ils opèrent en présence des parties dûment convoquées.

EXPERTS TARDANT A DÉPOSER LEUR RAPPORT.

Dans le cas ou des experts tarderaient à déposer leur rapport, les parties auxquelles ce retard serait préjudiciable pourraient les citer devant le conseil en dommages-intérêts.

(Voir l'article 302 du Code de procédure civile.)

Pour activer la marche des affaires, M. le baron de Bellissen, auditeur au conseil d'Etat, commissaire du Gouvernement près le conseil de préfecture des Bouches-du-Rhône, a proposé au conseil, dans ses conclusions au sujet d'un arrêté de nomination d'experts, de déterminer le délai dans lequel le rapport devra être déposé au greffe, et il a prié ce tribunal de vouloir bien, à l'avenir, suivre cette marche pour les arrêtés de cette nature.

Le Conseil a adopté la doctrine exposée par l'organe du Ministère public.

DÉPOT DU RAPPORT D'EXPERTISE.

Dès que les experts auront terminé leur rapport, ils le déposeront au greffe. Ce rapport doit être timbré et dûment enregistré. Il leur est donné récépissé de ce dépôt et des pièces qui leur avaient été communiquées pour effectuer leurs opérations.

Nous pensons que les experts, pour éviter des erreurs dans la taxe de leurs frais, feraient bien d'indiquer à la suite de leur rapport :

1° Le nombre des vacations ;

2° Les myriamètres parcourus ;

3° Les débours pour frais de timbre , d'enregistrement et de prestation de serment , et surtout le montant des vacations et des frais *pour chacun d'eux*.

ENQUÊTES , ARBITRES ET TÉMOINS.

Le conseil peut aussi, pour s'éclairer, ordonner une enquête, ou bien nommer un homme de l'art comme arbitre pour donner son avis sur certains travaux spéciaux.

L'audition des témoins devant les conseils n'a pas encore été introduite ; du moins , si elle a eu lieu dans quelques départements, les cas en sont-ils fort rares.

TIERS-EXPERT.

Après le dépôt du rapport, le dossier est rendu au rapporteur qui propose la nomination d'un tiers expert, s'il y a lieu.

Le tiers-expert est nommé par le conseil de préfecture, sauf les cas prévus dans l'article 56 de la loi du 16 septembre 1807, page 99.

SÉANCE. — COMMUNICATION. — DÉCISION.

Dès que le rapport des experts ou du tiers expert a été déposé au greffe, le secrétaire-greffier transmet le dossier au rapporteur.

Lorsque l'affaire est en état et que le président a fixé le jour de la séance, les parties sont informées du jour et de l'heure de l'audience par lettres non affranchies.

(Voir les articles 9, 10, 11 et 12, pages 23 et 24).

Le rôle est affiché à la porte du greffe huit jours avant l'audience.

Les lettres d'avis d'audience informent en même temps les parties que le dossier, avec les rapports des experts et tiers expert, est déposé au greffe et qu'ils peuvent en prendre communication, sans déplacement des pièces (article 7, page 23), pendant dix jours ou plus, selon l'importance de l'affaire.

Les demandes de renvoi doivent être faites par écrit et déposées au greffe avant la séance.

Elles ont été aussi accordées sur des demandes orales à l'audience.

Les observations orales ne peuvent pas introduire de nouveaux chefs de réclamation.

Elles doivent se borner à développer les moyens écrits.

(Voir la circulaire du 21 juillet, page 25).

Après les conclusions du commissaire du Gouvernement, le conseil met l'affaire en délibéré.

Le jugement est prononcé après le délibéré ou au commencement de l'audience suivante.

DE L'OPPOSITION AUX DÉCISIONS RENDUES PAR DÉFAUT. — DÉLAI.

L'article 29 du décret du 22 juillet 1805, relatif à la procédure suivie devant le Conseil d'Etat, donne un délai de trois mois, à compter du jour de la notification, pour former opposition à la décision par défaut.

La loi n'a pas fixé de délai pour l'opposition aux arrêtés par défaut pris par le Conseil de préfecture.

En présence du silence de la loi, nous croyons devoir nous en rapporter à l'article 158 du Code de procédure civile qui admet l'opposition recevable jusqu'à l'exécution du jugement. (Arrêt du Conseil d'Etat du 13 avril 1842.)

Une partie ayant versé au dossier des moyens de défense écrits, serait-elle fondée à former opposition au jugement par le motif qu'elle n'aurait pas présenté des observations orales à la séance, bien qu'elle eût été dûment informée du jour et de l'heure de cette séance?

Non. Et le Conseil d'Etat va même plus loin, puisqu'il déclare l'opposition non recevable, dans le cas où la partie n'aurait pas été avertie du jour de l'audience.

(Arrêt du Conseil d'Etat du 7 juin 1865. — Le sieur Palvadeau.)

La procédure devant les conseils de préfecture étant *essentiellement écrite*, une partie ne peut être condamnée par défaut et, partant, faire opposition à ce jugement que si elle n'a fourni aucun moyen de défense écrit.

Il suit de là que le demandeur n'est fondé, dans aucun cas, à attaquer un jugement par défaut.

(Arrêt du Conseil d'Etat du 27 août 1841.)

Il n'est donc pas nécessaire, pour qu'un arrêté soit contradictoire, qu'il y ait des débats oraux soit de la part du demandeur, soit de celle du défendeur.

Les débats en séance publique ne sont que le complément de l'instruction; ils doivent se borner à développer les moyens de défense versés au dossier.

Cette règle, pour les jugements de défaut, est applicable à toutes les affaires contentieuses, jugées en séance publique, et qui sont comprises dans la première partie de cet ouvrage.

NOTIFICATION DES DÉCISIONS.

Lorsque le jugement au fond est rendu, c'est à la partie qui a eu gain de cause à faire notifier la décision du conseil à son adversaire.

Les expéditions sont délivrées aux parties intéressées par le secrétaire-général ou par le secrétaire-greffier.

(Article 15, page 24.)

L'article 15 du décret du 12 juillet 1865 ne désigne que le secrétaire-général pour signer les expéditions; mais la circulaire du ministre des finances du 30 janvier 1866 admet le secrétaire-greffier, comme ayant aussi qualité pour signer les expéditions.

On voit, en effet, à la page 28 de cette circulaire, un modèle d'arrêté terminé par le mandement aux huissiers, et après :

Pour expédition :

Le Secrétaire-Général de la Préfecture

ou le Secrétaire-Greffier du Conseil de Préfecture.

Les expéditions sont délivrées sur des feuilles de papier timbré de 1 fr. 50.

(Loi du 13 brumaire an VII, article 24.)

Elles sont revêtues du mandement aux huissiers et du sceau du conseil de préfecture. (Circulaire du 31 janvier 1867.)

8

Les frais d'expédition n'ont été l'objet d'aucune disposition particúlière.

Ils sont, comme par le passé, de 0 fr. 75 cent. par rôle, conformément à l'article 37 de la loi du 7 messidor an II.

DES DÉPENS.

D'après l'article 130 du Code de procédure civile, toute partie qui succombe doit être condamnée aux dépens.

On entend par dépens les frais faits par les parties pour arriver à la constatation de leurs droits.

Le troisième paragraphe de l'article 14 de la loi du 21 juin 1865 (page 18) indique qu'un règlement déterminera provisoirement le chapitre concernant les dépens.

Pour le moment, on ne peut que procéder par analogie avec le Code de procédure civile.

Les dépens généralement admis devant les conseils, autres que ceux d'expertise, comprennent simplement les débours.

Les honoraires des experts et tiers - expert sont liquidés dans le jugement.

Il leur est délivré un exécutoire des honoraires au greffe, sur leur demande.

Les frais qui n'ont pas été compris dans la décision définitive sont taxés par le conseiller-rapporteur et l'exécutoire est délivré par le secrétaire-greffier.

DU RECOURS AU CONSEIL D'ÉTAT
EN MATIÈRE DE TRAVAUX PUBLICS.

Le recours au Conseil d'Etat en matière de travaux publics n'est pas suspensif (1); il doit être formé par un avocat au conseil et dans les délais prescrits par l'article 11 du décret du 22 juillet 1806, ci-après :

Décret impérial contenant règlement sur les affaires contentieuses portées au Conseil d'État.

Au palais de Saint-Cloud, le 22 juillet 1806.

TITRE PREMIER.
DE L'INTRODUCTION ET DE L'INSTRUCTION DES INSTANCES.

SECTION PREMIÈRE.
DES INSTANCES INTRODUITES AU CONSEIL D'ÉTAT A LA REQUÊTE DES PARTIES.

ARTICLE PREMIER. Le recours des parties au Conseil d'Etat en matière contentieuse, sera formé par requête signée d'un avocat au Conseil ; elle contiendra l'exposé sommaire des faits et des moyens, les conclusions, les noms et demeures des parties, l'énonciation des pièces dont on entend se servir et qui y seront jointes.

2. Les requêtes et en général toutes les productions des parties seront déposées au secrétariat du Conseil d'Etat ; elles y seront inscrites sur un registre suivant leur ordre de dates, ainsi que la remise qui en sera faite à l'auditeur nommé par le grand-juge pour préparer l'instruction.

(1) Voir l'article 3 du décret.

3. Le recours au Conseil d'Etat n'aura point d'effet suspensif, s'il n'en est autrement ordonné.

Lorsque l'avis de la commission établie par notre décret du 11 juin dernier sera d'accorder le sursis , il en sera fait rapport au Conseil d'Etat, qui prononcera.

4. Lorsque la communication aux parties intéressées aura été ordonnée par le grand-juge , elles seront tenues de répondre et de fournir leurs défenses dans les délais suivants ;

Dans quinze jours, si leur demeure est à Paris , ou n'en est pas éloignée de plus de cinq myriamètres;

Dans le mois , si elles demeurent à une distance plus éloignée dans le ressort de la cour d'appel de Paris, ou dans l'un des ressorts des cours d'appel d'Orléans; Rouen, Amiens, Douai, Nancy, Metz, Dijon et Bourges ;

Dans deux mois , pour les ressorts des autres cours d'appel en France ;

Et à l'égard des colonies et des pays étrangers, les délais seront réglé ainsi qu'il appartiendra par l'ordonnance de *soit communiqué.*

Ces délais commenceront à courir du jour de la signification de la requête à personne ou domicile par le ministère d'un huissier.

Dans les matières provisoires ou urgentes, les délais pourront être abrégés par le grand-juge.

5. La signature de l'avocat au pied de la requête , soit en demande, soit en défense, vaudra constitution et élection de domicile chez lui.

6. Le demandeur pourra, dans la quinzaine après les défenses fournies, donner une seconde requête, et le défendeur répondre dans la quinzaine suivante.

Il ne pourra y avoir plus de deux requêtes de la part de chaque partie, y compris la requête introductive.

7. Lorsque le jugement sera poursuivi contre plusieurs parties , dont les unes auraient fourni leurs défenses, et les autres seraient en défaut de les fournir , il sera statué à l'égard de toutes par la même décision.

8. Les avocats des parties pourront prendre communication des productions de l'instance au secrétariat, sans frais.

Les pièces ne pourrront en être déplacées, si ce n'est qu'il y en ait minute, ou que la partie y consente.

9. Lorsqu'il y aura déplacement de pièces, le récépissé, signé de l'avocat, portera son obligation de les rendre dans un délai qui ne pourra excéder huit jours ; et après ce délai expiré, le grand-juge pourra condamner personnellement l'avocat en dix francs au moins de dommages et intérêts par chaque jour de retard, et même ordonner qu'il sera contraint par corps.

10. Dans aucun cas, les délais pour fournir ou signifier requêtes ne seront prolongés par l'effet des communications.

11. Le recours au Conseil contre la décision d'une autorité qui y ressortit, ne sera pas recevable après trois mois du jour où cette décision aura été notifiée.

12. Lorsque, sur un semblable pourvoi fait dans le délai ci-dessus prescrit, il aura été rendu une ordonnance de *soit communiqué*, cette ordonnance devra être signifiée dans le délai de trois mois, sous peine de déchéance.

13. Ceux qui demeureront hors de la France continentale, auront, outre le délai de trois mois énoncé dans les deux articles ci-dessus, celui qui est réglé par l'article 73 du Code de procédure civile.

14. Si, d'après l'examen d'une affaire, il y a lieu d'ordonner que des faits ou des écritures soient vérifiés, ou qu'une partie soit interrogée, le grand-juge désignera un maître des requêtes, ou commettra sur les lieux : il règlera la forme dans laquelle il sera procédé à ces actes d'instruction.

15. Dans tous les cas où les délais ne sont pas fixés par le présent décret, ils seront déterminés par l'ordonnance du grand-juge.

SECTION II.

DISPOSITIONS PARTICULIÈRES AUX AFFAIRES CONTENTIEUSES INTRODUITES SUR LE RAPPORT D'UN MINISTRE.

16. Dans les affaires contentieuses introduites au Conseil sur le rapport d'un ministre, il sera donné, dans la forme administrative ordinaire, avis à la partie intéressée de la remise faite au grand-juge des mémoires et pièces fournis par les agents du Gouvernement,

afin qu'elle puisse prendre communication dans la forme prescrite aux articles 8 et 9, et fournir ses réponses dans le délai du règlement. Le rapport du ministre ne sera pas communiqué.

17. Lorsque, dans les affaires où le Gouvernement a des intérêts opposés à ceux d'une partie , l'instance est introduite à la requête de cette partie, le dépôt qui sera fait au secrétariat du Conseil , de la requête et des pièces, vaudra notification aux agents du Gouvernement : il en sera de même pour la suite de l'instruction.

TITRE II.

DES INCIDENTS QUI PEUVENT SURVENIR PENDANT L'INSTRUCTION D'UNE AFFAIRE.

§ Iᵉʳ. — *Des demandes incidentes.*

18. Les demandes incidentes seront formées par une requête sommaire déposée au secrétariat du Conseil : le grand-juge en ordonnera, s'il y a lieu, la communication à la partie intéressée, pour y répondre dans les trois jours de la signification , ou autre bref délai qui sera déterminé.

19. Les demandes incidentes seront jointes au principal, pour y être statué par la même décision.

S'il y avait lieu néanmoins à quelque disposition provisoire et urgente , le rapport en sera fait par l'auditeur à la prochaine séance de la commission , pour y être pourvu par le Conseil ainsi qu'il appartiendra.

§ II. — *De l'inscription de faux.*

20. Dans le cas de demande en inscription de faux contre une pièce produite, le grand-juge fixera le délai dans lequel la partie qui l'a produite sera tenu de déclarer si elle entend s'en servir.

Si la partie ne satisfait pas à cette ordonnance, ou si elle déclare qu'elle n'entend pas se servir de la pièce, cette pièce sera rejetée.

Si la partie fait la déclaration qu'elle entend se servir de la pièce, le Conseil statuera sur l'avis de la commission, soit en ordonnant qu'il sera sursis à la décision de l'instance principale jusqu'après le jugement du faux par le tribunal compétent, soit en prononçant la décision définitive, si elle ne dépend pas de la pièce arguée de faux,

§ III. — *De l'intervention.*

21. L'intervention sera formée par requête ; le grand-juge ordonnera, s'il y a lieu, que cette requête soit communiquée aux parties, pour y répondre dans le délai fixé qui sera fixé par l'ordonnance : néanmoins la décision de l'affaire principale qui serait instruite, ne pourra être retardée par une intervention.

§ IV. — *Des reprises d'instance, et constitution de nouvel avocat.*

22. Dans les affaires qui ne seront point en état d'être jugées, la procédure sera suspendue par la notification du décès de l'une des parties ; ou par le seul fait du décès, de la démission, de l'interdiction ou de la destitution de son avocat.

Cette suspension durera jusqu'à la mise en demeure pour reprendre l'instance ou constituer avocat.

23. Dans aucun des cas énoncés en l'article précédent la décision d'une affaire en état ne sera différée.

24. L'acte de révocation d'un avocat par sa partie est sans effet pour la partie adverse, s'il ne contient pas la constitution d'un autre avocat.

§ V. — *Du désaveu.*

25. Si une partie veut former un désaveu relativement à des actes ou procédures faits en son nom ailleurs qu'au Conseil d'État, et qui peuvent influer sur la décision de la cause qui y est portée, sa demande devra être communiquée aux autres parties. Si le grand-juge estime que le désaveu mérite d'être instruit, il renverra l'instruction et le jugement devant les juges compétents, pour y être statué dans le délai qui sera réglé.

A l'expiration de ce délai, il sera passé outre au rapport de l'affaire principale sur le vu du jugement du désaveu, ou faute de le rapporter.

26. Si le désaveu est relatif à des actes ou procédures faits au Conseil d'État, il sera procédé contre l'avocat sommairement, et dans les délais fixés par le grand-juge.

TITRE III.

§ Ier. — *Des décisions du Conseil d'Etat.*

27. Les décisions du Conseil contiendront les noms et qualités des parties, leurs conclusions et le vu des pièces principales.

28. Elles ne seront mises à exécution contre une partie, qu'après avoir été préalablement signifiées à l'avocat au Conseil qui aura occupé pour elle.

§ II. — *De l'Opposition aux Décisions rendues par défaut.*

29. Les décisions du Conseil d'État rendues par défaut sont susceptibles d'opposition. Cette opposition ne sera point suspensive, à moins qu'il n'en soit autrement ordonné.

Elle devra être formée dans le délai de trois mois, à compter du jour où la décision par défaut aura été notifiée : après ce délai, l'opposition ne sera plus recevable.

30. Si la commission est d'avis que l'opposition doive être reçue, elle fera son rapport au conseil, qui remettra, s'il y a lieu, les parties dans le même état où elles étaient auparavant.

La décision qui aura admis l'opposition, sera signifiée dans la huitaine, à compter du jour de cette décision, à l'avocat de l'autre partie.

31. L'opposition d'une partie défaillante à une décision rendue contradictoirement avec une autre partie ayant le même intérêt, ne sera pas recevable.

§ III. — *Du Recours contre les Décisions contradictoires.*

32. Défenses sont faites, sous peine d'amende, et même, en cas de récidive, sous peine de suspension ou de destitution, aux avocats en notre Conseil d'État, de présenter requête en recours contre une décision contradictoire ; si ce n'est en deux cas :

Si elle a été rendue sur pièces fausses ;

Si la partie a été condamnée faute de représenter une pièce décisive qui était retenue par son adversaire.

33. Ce recours devra être formé dans le même délai, et admis de la même manière que l'opposition à une décision par défaut.

34. Lorsque le recours contre une décision contradictoire aura été admis dans le cours de l'année où elle avait été rendue, la communication sera faite soit au défendeur , soit au domicile de l'avocat qui a occupé pour lui , et qui sera tenu d'occuper sur ce recours , sans qu'il soit besoin d'un nouveau pouvoir.

35. Si le recours n'a été admis qu'après l'année depuis la décision, la communication sera faite aux parties à personne ou domicile, pour y fournir réponse dans le délai du règlement.

36. Lorsqu'il aura été statué sur un premier recours contre une décision contradictoire, un second recours contre la même décision ne sera pas recevable. L'avocat qui aurait présenté la requête , sera puni de l'une des peines énoncées en l'article 32.

§ IV. — *De la Tierce opposition.*

37. Ceux qui voudront s'opposer à des décisions du conseil d'État rendues en matière contentieuse , et lors desquelles ni eux ni ceux qu'ils représentent n'ont été appelés, ne pourront former leur opposition que par requête en la forme ordinaire ; et sur le dépôt qui en sera fait au secrétariat du Conseil, il sera procédé conformément aux dispositions du titre Ier.

38. La partie qui succombera dans sa tierce opposition sera condamnée à cent cinquante francs d'amende, sans préjudice des dommages-intérêts de la partie, s'il y a lieu.

39. Les articles 34 et 35 ci-dessus , concernant les recours contre les décisions contradictoires, sont communs à la tierce opposition.

40. Lorsqu'une partie se croira lésée dans ses droits ou sa propriété par l'effet d'une décision de notre Conseil d'État rendue en matière non contentieuse , elle pourra nous présenter une requête pour, sur le rapport qui nous en sera fait , être l'affaire renvoyée , s'il y a lieu, soit à une section du Conseil d'État , soit à une commission.

§ V. — *Des Dépens.*

41. En attendant qu'il soit fait un nouveau tarif des dépens , et statué sur la manière dont il sera procédé à leur liquidation , on suivra provisoirement les règlements antérieurs relatifs aux avocats au Conseil, et qui sont applicables aux procédures ci-dessus.

42. Il ne sera employé dans la liquidation des dépens aucuns frais de voyage, séjour ou retour des parties, ni aucuns frais de voyage d'huissier au-delà d'une journée.

43. La liquidation et la taxe des dépens seront faites à la commission du contentieux par un maître des requêtes, et sauf révision par le grand-juge.

TITRE IV.

§ Iᵉʳ. — Des Avocats au Conseil.

44. Les avocats en notre Conseil d'État auront, conformément à notre décret du 11 juin dernier, le droit exclusif de faire tous actes d'instruction et de procédure devant la commission du contentieux.

45. L'impression d'aucun mémoire ne passera en taxe.

Les écritures seront réduites au nombre de rôles qui sera réputé suffisant pour l'instruction de l'instance.

46. Les requêtes et mémoires seront écrits correctement et lisiblement en demi-grosse seulement ; chaque rôle contiendra au moins cinquante lignes, et chaque ligne douze syllabes au moins : sinon, chaque rôle où il se trouvera moins de lignes et de syllabes, sera rayé en entier ; et l'avocat sera tenu de restituer ce qui lui aurait été payé à raison de ces rôles.

47. Les copies signifiées des requêtes et mémoires, ou autres actes, seront écrites lisiblement et correctement : elles seront conformes aux originaux, et l'avocat en sera responsable.

48. Les écritures des parties, signées par les avocats au conseil, seront sur papier timbré.

Les pièces par elles produites ne seront point sujettes au droit d'enregistrement, à l'exception des exploits d'huissier, pour chacun desquels il sera perçu un droit fixe d'un franc.

N'entendons néanmoins dispenser les pièces produites devant notre Conseil d'État, des droits d'enregistrement auxquels l'usage qui en serait fait ailleurs pourrait donner ouverture.

N'entendons pareillement dispenser du droit d'enregistrement, les pièces produites devant notre conseil d'État, qui, par leur nature, sont soumises à l'enregistrement dans un délai fixe.

49. Les avocats au conseil seront, suivant les circonstances, punis de l'une des peines ci-dessus, dans le cas de contravention

aux règlemens, et notamment s'ils présentent comme contentieuses des affaires qui ne le seraient pas , ou s'ils portent en notre Conseil d'état des affaires qui seraient de la compétence d'une autre autorité.

50. Les avocats au conseil prêteront serment entre les mains de notre grand-juge ministre de la justice.

§ II. — *Des Huissiers au Conseil.*

51. Les significations d'avocat à avocat , et celles aux parties ayant leur demeure à Paris , seront faites par des huissiers au conseil.

52. Nos ministres , chacun en ce qui le concerne , sont chargés de l'exécution de notre présent décret.

Signé : NAPOLÉON.

Par l'Empereur :

Le Secrétaire d'État , signé : HUGUES B. MARET.

Extrait de l'ordonnance du Roi concernant les affaires contentieuses portées au Conseil d'État.

A Paris, le 2 février 1831.

LOUIS-PHILIPPE , ROI DES FRANÇAIS, à tous présents et à venir, SALUT ,

Sur le rapport de notre ministre secrétaire d'état au département de l'instruction publique et des cultes , président du conseil d'État ,

NOUS AVQNS ORDONNÉ et ORDONNONS ce qui suit :

ART 1ᵉʳ. L'examen préalable des affaires contentieuses actuellement attribuées à notre Conseil d'État continuera d'être fait par le comité de justice administrative.

2. Le rapport en sera fait en assemblée générale de notre Conseil d'État, et en séance publique , par l'un des conseillers ou par l'un des maîtres des requêtes et des auditeurs attachés à ce comité. Le rapporteur résumera les faits , les moyens et les conclusions des parties , et soumettra le projet d'ordonnance proposé par le comité.

3. Immédiatement après le rapport, les avocats des parties pourront présenter des observations orales, après quoi l'affaire sera mise en délibéré.

4. La décision sera prononcée à une autre assemblée générale et en séance publique.

5. Ceux des conseillers d'État qui n'auront point assisté aux rapport et observations ci-dessus énoncés ne pourront concourir au délibéré. En conséquence, il sera tenu un registre de présence.

NOTE SUR LES TRAVAUX PUBLICS.

En ce qui concerne les travaux publics, nous nous réservons de publier, dès que le règlement d'administration publique promis par l'article 14 de la loi du 21 juin 1865, page 18, aura paru, une brochure comme annexe à cet ouvrage, ayant pour objet d'indiquer les modifications qu'il pourrait y avoir lieu de faire conformément à ce règlement.

Cette brochure sera livrée à tous les souscripteurs et acquéreurs de ce volume à des conditions avantageuses.

DES CHEMINS VICINAUX.

Loi du 21 mai 1836.

SECTION PREMIÈRE.

CHEMINS VICINAUX.

Art. 1er. Les chemins vicinaux légalement reconnus sont à la charge des communes, sauf les dispositions de l'article 7 ci-après.

2. En cas d'insuffisance des ressources ordinaires des communes, il sera pourvu à l'entretien des chemins vicinaux à l'aide, soit de

prestations en nature dont le maximum est fixé à trois journées de travail, soit de centimes spéciaux en addition au principal des quatre contributions directes, et dont le maximum est fixé à cinq.

Le conseil municipal pourra voter l'une ou l'autre de ces ressources, ou toutes les deux concurremment.

Le concours des plus imposés ne sera pas nécessaire dans les délibérations prises pour l'exécution du présent article.

3. Tout habitant, chef de famille ou d'établissement, à titre de propriétaire, de régisseur, de fermier ou de colon partiaire, porté au rôle des contributions directes, pourra être appelé à fournir chaque année une prestation de trois jours :

1° Pour sa personne et pour chaque individu mâle, valide, âgé de dix–huit ans au moins et de soixante ans au plus, membre ou serviteur de la famille et résidant dans la commune ;

2° Pour chacune des charrettes ou voitures attelées, et, en outre, pour chacune des bêtes de somme, de trait, de selle au service de la famille ou de l'établissement dans la commune.

4. La prestation sera appréciée en argent, conformément à la valeur qui aura été attribuée annuellement pour la commune à chaque espèce de journée, par le conseil général, sur les propositions des conseils d'arrondissement.

La prestation pourra être acquittée en nature ou en argent, au gré du contribuable. Toutes les fois que le contribuable n'aura pas opté dans les délais prescrits, la prestation sera de droit exigible en argent.

La prestation non rachetée en argent pourra être convertie en tâches, d'après les bases et évaluations de travaux préalablement fixées par le conseil municipal.

5. Si le conseil municipal, mis en demeure, n'a pas voté, dans la session désignée à cet effet, les prestations en centimes nécessaires, ou si la commune n'en a pas fait emploi dans les délais prescrits, le préfet pourra d'office, soit imposer la commune dans les limites du maximum, soit faire exécuter les travaux.

Chaque année, le préfet communiquera au conseil général l'état des impositions établies d'office en vertu du présent article.

6. Lorsqu'un chemin vicinal intéressera plusieurs communes, le préfet, sur l'avis des conseils municipaux, désignera les communes qui devront concourir à sa construction ou à son entretien, et fixera la proportion dans laquelle chacune d'elles y contribuera.

SECTION II.

CHEMINS VICINAUX DE GRANDE COMMUNICATION.

Art. 7. Les chemins vicinaux peuvent, selon leur importance, être déclarés chemins vicinaux de grande communication par le conseil général, sur l'avis des conseils municipaux, des conseils d'arrondissement, et sur la proposition du préfet.

Sur les mêmes avis et proposition, le conseil général détermine la direction de chaque chemin vicinal de grande communication, et désigne les communes qui doivent contribuer à sa construction ou à son entretien.

Le préfet fixe la largeur et les limites du chemin et détermine annuellement la proportion dans laquelle chaque commune doit concourir à l'entretien de la ligne vicinale dont elle dépend ; il statue sur les offres faites par les particuliers, associations de particuliers ou de communes.

8. Les chemins vicinaux de grande communication, et, dans des cas extraordinaires, les autres chemins vicinaux, pourront recevoir des subventions sur les fonds départementaux.

Il sera pourvu à ces subventions au moyen des centimes facultatifs ordinaires du département et de centimes spéciaux votés annuellement par le conseil général.

La distribution des subventions sera faite, en ayant égard aux ressources, aux sacrifices et aux besoins des communes, par le préfet, qui en rendra compte chaque année au conseil général.

Les communes acquitteront la portion des dépenses mises à leur charge au moyen de leurs revenus ordinaires, et, en cas d'insuffisance, au moyen de deux journées de prestation sur les trois journées autorisées par l'article 2, et des deux tiers des centimes votés par le conseil municipal en vertu du même article.

9. Les chemins vicinaux de grande communication sont placés sous l'autorité du préfet. Les dispositions des articles 4 et 5 de la présente loi leur sont applicables.

DISPOSITIONS GÉNÉRALES.

Art. 10. Les chemins vicinaux reconnus et maintenus comme tels sont imprescriptibles.

11. Le préfet pourra nommer des agents-voyers.

Leur traitement sera fixé par le conseil général.

Ce traitement sera prélevé sur les fonds affectés aux travaux.

Les agents-voyers prêteront serment ; ils auront le droit de constater les contraventions et délits, et d'en dresser procès-verbaux.

12. Le maximum des centimes spéciaux qui pourront être votés par les conseils généraux, en vertu de la présente loi, sera déterminé annuellement par la loi de finances.

13. Les propriétés de l'Etat, productives de revenus, contribueront aux dépenses des chemins vicinaux dans les mêmes proportions que les propriétés privées, et d'après un rôle spécial dressé par le préfet.

Les propriétés de la couronne contribueront aux mêmes dépenses, conformément à l'article 13 de la loi du 2 mars 1832.

14. Toutes les fois qu'un chemin vicinal, entretenu à l'état de viabilité par une commune, sera habituellement ou temporairement dégradé par des exploitations de mines, de carrières, de forêts ou de toute entreprise industrielle appartenant à des particuliers, à des établissements publics, à la couronne ou à l'Etat, il pourra y avoir lieu à imposer aux entrepreneurs ou propriétaires, suivant que l'exploitation ou les transports auront eu lieu pour les uns ou les autres, des subventions spéciales dont la quotité sera proportionnée à la dégradation extraordinaire qui devra être attribuée aux exploitations.

Ces subventions pourront, au choix des subventionnaires, être acquittées en argent ou en prestations en nature, et seront exclusivement affectées à ceux des chemins qui y auront donné lieu.

Elles seront réglées annuellement, sur la demande des communes, par les conseils de préfecture, après des expertises contradictoires, et recouvrées comme en matière de contributions directes.

Les experts seront nommés suivant le mode déterminé par l'article 17 ci-après.

Ces subventions pourront aussi être déterminées par abonnement ; elles seront réglées, dans ce cas, par le préfet en conseil de préfecture.

15. Les arrêtés du préfet portant reconnaissance et fixation de la largeur d'un chemin vicinal attribuent définitivement au chemin le sol compris dans les limites qu'ils déterminent.

Le droit des propriétaires riverains se résout en une indemnité, qui sera réglée à l'amiable ou par le juge de paix du canton, sur le rapport d'experts nommés conformément à l'article 17.

16. Les travaux d'ouverture et de redressement des chemins vicinaux seront autorisés par arrêté du préfet.

Lorsque, pour l'exécution du présent article, il y aura lieu de recourir à l'expropriation, le jury spécial chargé de régler les indemnités ne sera composé que de quatre jurés. Le tribunal d'arrondissement, en prononçant l'expropriation, désignera, pour présider et diriger le jury, l'un de ses membres ou le juge de paix du canton. Ce magistrat aura voix délibérative en cas de partage.

Le tribunal choisira sur la liste générale, prescrite par l'article 29 de la loi du 7 juillet 1833, quatre personnes pour former le jury spécial, et trois jurés supplémentaires. L'administration et la partie intéressée auront respectivement le droit d'exercer une récusation péremptoire.

Le juge recevra les acquiescements des parties.

Son procès-verbal emportera translation définitive de propriété.

Le recours en cassation, soit contre le jugement qui prononcera l'expropriation, soit contre la déclaration du jury qui règlera l'indemnité, n'aura lieu que dans les cas prévus et selon les formes déterminées par la loi du 7 juillet 1833.

17. Les extractions de matériaux, les dépôts ou enlèvements de terre, les occupations temporaires de terrains, seront autorisés par arrêté du préfet, lequel désignera les lieux ; cet arrêté sera notifié aux parties intéressées au moins dix jours avant que son exécution puisse être commencée.

Si l'indemnité ne peut être fixée à l'amiable, elle sera réglée par le conseil de préfecture, sur le rapport d'experts nommés, l'un par le sous-préfet, et l'autre par le propriétaire.

En cas de discord, le tiers-expert sera nommé par le conseil de préfecture.

18. L'action en indemnité des propriétaires pour les terrains qui auront servi à la confection des chemins vicinaux, et pour extraction de matériaux, sera prescrite par le laps de deux ans.

19. En cas de changement de direction ou d'abandon d'un chemin vicinal, en tout ou en partie, les propriétaires riverains de la

partie de ce chemin qui cessera de servir de voie de communication pourront faire leur soumission de s'en rendre acquéreur, et d'en payer la valeur, qui sera fixée par des experts nommés dans la forme déterminée par l'article 17.

20. Les plans, procès-verbaux, certificats, significations, jugements, contrats, marchés, adjudications de travaux, quittances et autres actes ayant pour objet exclusif la construction, l'entretien et la réparation des chemins vicinaux, seront enregistrés moyennant le droit fixe d'un franc.

Les actions civiles intentées par les communes ou dirigées contre elles, relativement à leurs chemins, seront jugées comme affaires sommaires et urgentes, conformément à l'article 405 du Code de procédure civile.

21. Dans l'année qui suivra la promulgation de la présente loi, chaque préfet fera, pour en assurer l'exécution, un règlement qui sera communiqué au conseil général, et transmis, avec ses observations, au ministre de l'intérieur, pour être approuvé, s'il y a lieu.

Ce règlement fixera, dans chaque département, le maximum de la largeur des chemins vicinaux; il fixera, en outre, les délais nécessaires à l'exécution de chaque mesure, les époques auxquelles les prestations en nature devront être faites, le mode de leur emploi ou de leur conversion en tâches, et statuera en même temps sur tout ce qui est relatif à la confection des rôles, à la comptabilité, aux adjudications et à leur forme, aux alignements, aux autorisations de construire le long des chemins, à l'écoulement des eaux, aux plantations, à l'élagage, aux fossés, à leur curage et à tous autres détails de surveillance et de conservation.

22. Toutes les dispositions des lois antérieures demeurent abrogées en ce qu'elles auraient de contraire à la présente loi.

Règlement des subventions dues pour dégradations causées aux chemins vicinaux par des exploitations de mines, de carrières, de forêts ou de toute autre entreprise industrielle appartenant à des particuliers, à des établissements publics ou à l'Etat.

9

La procédure pour le règlement des subventions dues pour dégradations causées aux chemins vicinaux, n'a subi de modification qu'en ce qui concerne la faculté accordée aux parties, sur leur demande, de présenter des observations orales à la séance.

Lorsque l'indemnité due par les particuliers ne pourra être fixée à l'amiable, elle sera réglée par le conseil de préfecture, sur le rapport d'experts.

(Voir le 2ᵐᵉ § de l'art. 17, loi du 21 mai 1836, page 128).

Si la partie intéressée négligeait de nommer son expert, la nomination d'office en serait faite par le conseil.

Les demandes relatives aux contestations survenues sont adressées au Préfet, qui transmet le dossier au conseil pour qu'il soit statué conformément aux articles 14 et 17 de la loi du 21 mai 1836, pages 127 et 128.

Dès que l'affaire est mise au rôle, les parties sont averties du jour de l'audience.

(Voir les articles 1, 2, 9, 10 et 11 du décret du 12 juillet 1865, pages 22 et 23.)

L'expédition de la décision est transmise à la commune intéressée par le Préfet, conformément au deuxième paragraphe de l'article 15 du décret du 12 juillet 1865, page 22.

Le pourvoi au Conseil d'État a lieu comme pour les contributions directes, page 86.

Les prestations pour les chemins vicinaux sont assimilées aux contributions.

La première partie de la loi du 21 mai 1836, page 124, donne tous les détails relatifs à l'application de cette taxe.

Les réclamations doivent être faites comme en matière de contribution, page 78.

CONTRAVENTIONS.

Les conseils de préfecture statuent sur les contraventions de voirie, de navigation, de carrières, de servitudes militaires, de roulage, de chemins de fer et de culture de tabac.

Le mode de procédure en matière de contraventions restant le même, sauf la faculté de présenter des observations orales en séance publique, nous nous bornerons à reproduire ici la loi du 29 floréal, an x, sur la grande voirie, et celle du 30 mai 1851 sur la police du roulage. On trouvera à la suite de ces lois le mode d'instruction usité.

Quant à la pénalité, pour les contraventions des chemins de fer, des lignes télégraphiques, de navigation, de servitudes militaires, de carrières, nous renvoyons aux ouvrages spéciaux. (*Dictionnaire des Contraventions* , par Potiquet.)

A raison du titre de l'ouvrage, nous ne croyons pas devoir entrer dans des détails qui nous éloigneraient du but que nous nous sommes proposé.

Loi du 29 floréal an X.

ART. 1ᵉʳ. Les contraventions en matière de grande voirie, telles qu'anticipations, dépôts de fumiers ou d'autres objets, et toutes espèces de détérioration commise sur les grandes routes, sur les arbres qui les bordent, sur les fossés, ouvrages d'art et matériaux destinés à leur entretien, sur les canaux, fleuves et rivières navigables, leurs chemins de halage, de francs-bords, fossés et ouvrages d'art seront constatées, réprimées et poursuivies par la voie administrative.

2. Les contraventions seront constatées concurremment par les maires ou adjoints, les ingénieurs des ponts et chaussées, leurs conducteurs, les agents de la navigation, les commissaires de police, et par la gendarmerie : à cet effet, ceux des fonctionnaires publics ci-dessus désignés qui n'ont pas prêté serment en justice le prêteront devant le préfet.

3. Les procès-verbaux sur les contraventions seront adressés au sous-préfet, qui ordonnera par provision, et sauf le recours au préfet, ce que de droit, pour faire cesser les dommages.

4. Il sera statué définitivement en conseil de préfecture : les arrêtés seront exécutsé sans visa ni mandement des tribunaux, nonobstant et sauf tout recours ; et les individus condamnés seront contraints par l'envoi de garnissaires et saisie de meubles, en vertu desdits arrêtés, qui seront exécutoires et emporteront hypothèque.

Loi sur la police du roulage et des voitures de messageries des 12, 30 avril et 30 mai 1851.

TITRE PREMIER.

DES CONDITIONS DE LA CIRCULATION DES VOITURES.

Art. 1er. Les voitures suspendues ou non suspendues, servant au transport des personnes et des marchandises, peuvent circuler sur les routes nationales, départementales et chemins vicinaux de grande communication, sans aucune condition de réglementation de poids ou de largeur de jantes.

2. Des règlements d'administration publique déterminent :

§ 1er. Pour toutes les voitures :

1° La forme des moyeux, le maximum de la longueur des essieux, et le maximum de leur saillie au delà des moyeux ;

2° La forme des bandes des roues ;

3° La forme des clous des bandes ;

4° Les conditions à observer pour l'emplacement et les dimensions de la plaque prescrite par l'article 3 ;

5° Le maximum du nombre des chevaux de l'attelage que peut comporter la police ou la libre circulation des routes ;

6° Les mesures à prendre pour règlementer momentanément la circulation pendant les jours de dégel, et les précautions à prendre pour la protection des ponts suspendus.

§ 2. Pour les voitures ne servant pas au transport des personnes :

1° La largeur du chargement ;

2° La saillie des colliers des chevaux ;

3° Les modes d'enrayage ;

4° Le nombre des voitures qui peuvent être réunies en un même convoi, l'intervalle qui doit rester libre d'un convoi à un autre, et le nombre de conducteurs exigé pour la conduite de chaque convoi ;

5° Les autres mesures de police à observer par les conducteurs, notamment en ce qui concerne le stationnement sur les routes, et les règles à suivre pour éviter ou dépasser d'autres voitures.

Sont affranchies de toute réglementation de largeur de chargement, les voitures de l'agriculture servant au transport des récoltes
de la ferme aux champs et des champs à la ferme ou au marché.

§ 3. Pour les voitures de messageries :

1° Les conditions relatives à la solidité et à la stabilité des
voitures ;

2° Le mode de chargement, de conduite et d'enrayage des
voitures ;

3° Le nombre des voitures qu'elles peuvent porter ;

4° La police des relais ;

5° Les autres mesures de police à observer par les conducteurs,
cochers ou postillons, notamment pour éviter ou dépasser d'autres
voitures.

3. Toute voiture circulant sur les routes nationales, départementales et chemins vicinaux de grande communication, doit être munie
d'une plaque conforme au modèle prescrit par le règlement d'administration publique rendu en vertu du numéro 4 du premier paragraphe de l'article 2.

Sont exceptés de cette disposition :

1° Les voitures particulières destinées au transport des personnes,
mais étrangères à un service public des messageries ;

2° Les malles-postes et autres voitures appartenant à l'administration des postes ;

· 3° Les voitures d'artillerie, charriots et fourgons appartenant au
département de la guerre ou de la marine.

Des décrets du président de la république déterminent les
marques distinctives que doivent porter les voitures désignées aux
paragraphes 2 et 3, et les titres dont leurs conducteurs doivent être
munis.

4° Les voitures employées à la culture des terres, au transport
des récoltes, à l'exploitation des fermes, qui se rendent de la ferme
aux champs ou des champs à la ferme, ou qui servent au transport
des objets récoltés du lieu où ils ont été recueillis jusqu'à celui où,
pour les conserver ou les manipuler, le cultivateur les dépose ou les
rassemble.

TITRE II.

4. Toute contravention aux règlements rendus en exécution des dispositions des numéros 1, 2, 2, 5 et 6 du premier paragraphe de l'article 2, et des numéros 1, 2 et 3 du deuxième paragraphe du même article, est punie d'une amende de 5 à 30 fr.

5. Toute contravention aux règlements rendus en exécution des dispositions des numéros 4 et 5 du deuxième paragraphe de l'article 2 est punie d'une amende de 6 à 10 fr., et d'un emprisonnement de un à trois jours. En cas de récidive, l'amende pourra être portée à 15 fr., et l'emprisonnement à cinq jours.

6. Toute contravention aux règlements rendus en vertu du troisième paragraphe de l'article 2 est punie d'une amende de 16 à 200 fr., et d'un emprisonnement de six à dix jours.

7. Tout propriétaire d'une voiture circulant sur des voies publiques sans qu'elle soit munie de la plaque prescrite par l'article 3 et par les règlements rendus en exécution du numéro 4 du premier paragraphe de l'article 2, sera puni d'une amende de 6 à 15 fr., et le conducteur d'une amende de 1 à 5 fr.

8. Tout propriétaire ou conducteur de voiture qui aura fait usage d'une plaque portant un nom ou domicile faux ou supposé sera puni d'une amende de 50 à 200 fr., et d'un emprisonnement de six jours au moins et de six mois au plus.

La même peine sera applicable à celui qui, conduisant une voiture dépourvue de plaque, aura déclaré un nom ou domicile autre que le sien ou que celui du propriétaire pour le compte duquel la voiture est conduite.

9. Lorsque, par la faute, la négligence ou l'imprudence du conducteur, une voiture aura causé un dommage quelconque à une route ou à ses dépendances, le conducteur sera condamné à une amende de 3 à 50 fr. Il sera, de plus, condamné aux frais de la réparation.

10. Sera puni d'une amende de 16 à 100 fr., indépendamment de celle qu'il pourrait avoir encourue pour toute autre cause, tout

voiturier ou conducteur qui, sommé de s'arrêter par l'un des fonctionnaires ou agents chargés de constater les contraventions, refuserait d'obtempérer à cette sommation et de se soumettre aux vérifications prescrites.

11. Les dispositions du livre III, titre premier, chapitre III, section 4, paragraphe 2 du code pénal, sont applicables en cas d'outrages ou de violences envers les fonctionnaires ou agents chargés de constater les délits et contraventions prévus par la présente loi.

12. Lorsqu'une même contravention ou un même délit prévu aux articles 4, 7 et 8, a été constaté à plusieurs reprises pendant le parcours d'un même relais, il n'est prononcé qu'une seule condamnation.

Sauf les exceptions mentionnées au présent article, lorsqu'il aura été dressé plusieurs procès-verbaux de contravention, il sera prononcé autant de condamnations qu'il y aura eu de contraventions constatées.

13. Tout propriétaire de voiture est responsable des amendes, des dommages-intérêts et des frais de réparation prononcés, en vertu des articles du présent titre, contre toute personne préposée par lui à la conduite de sa voiture.

Si la voiture n'a pas été conduite par ordre et pour le compte du propriétaire, la responsabilité est encourue par celui qui a préposé le conducteur.

14. Les dispositions de l'article 463 du code pénal sont applicables dans tous les cas où les tribunaux correctionnels ou de simple police prononcent en vertu de la présente loi.

TITRE III.

DE LA PROCÉDURE.

15. Sont spécialement chargés de constater les contraventions et délits prévus par la présente loi, les conducteurs, agents-voyers, cantonniers chefs et autres employés du service des ponts et chaussées ou des chemins vicinaux de grande communication, commissionnés à cet effet, les gendarmes, les gardes champêtres, les

employés des contributions indirectes, agents forestiers ou des douanes, et employés des poids et mesures ayant droit de verbaliser, et les employés des octrois ayant le même droit.

Peuvent également constater les contraventions et les délits prévus par la présente loi, les maires et adjoints, les commissaires et agents assermentés de la police, les ingénieurs des ponts et chaussées, les officiers et les sous-officiers de gendarmerie, et toutes personnes commissionnées, par l'autorité départementale, pour la surveillance de l'entretien des voies de communication.

Les dommages prévus à l'article 9 sont constatés, pour les routes nationales et départementales, par les ingénieurs, conducteurs et autres employés des ponts et chaussées commissionnés à cet effet, et pour les chemins vicinaux de grande communication, par les agents voyers, sans préjudice du droit réservé à tous les fonctionnaires et agents mentionnés au présent article ; de dresser procès-verbal du fait de dégradation qui aurait lieu en leur présence.

Les procès-verbaux dressés en vertu du présent article font foi jusqu'à preuve contraire.

16. Les contraventions prévues par les articles 4 et 6 ne peuvent, en ce qui concerne les voitures publiques allant au trot, être constatées qu'au lieu de départ, d'arrivée, de relais et de stations desdites voitures, ou aux barrières d'octroi, sauf toutefois celles qui concernent le nombre des voyageurs, le mode de conduite des voitures, la police des conducteurs, cochers ou postillons, et les modes d'enrayage.

17. Les contraventions prévues par les articles 4 et 9 sont jugées par le conseil de préfecture du département où le procès-verbal a été dressé.

Tous les autres délits et contraventions prévus par la présente loi sont de la compétence des tribunaux.

18. Les procès-verbaux, rédigés par les agents mentionnés au paragraphe premier de l'article 15 ci-dessus, doivent être affirmés dans les trois jours, à peine de nullité, devant le juge de paix du canton ou devant le maire de la commune soit du domicile de l'agent qui a verbalisé, soit du lieu où la contravention a été constatée.

19. Les procès-verbaux doivent être enregistrés en débet dans

les trois jours de leur date ou de leur affirmation, à peine de nullité.

20. Toutes les fois que le contrevenant n'est pas domicilié en France, la voiture est provisoirement retenue, et le procès-verbal est immédiatement porté à la connaissance du maire de la commune où il a été dressé, ou de la commune la plus proche sur la route que suit le prévenu.

Le maire arbitre provisoirement le montant de l'amende, et, s'il y a lieu, des frais de réparation, et il en ordonne la consignation immédiate, à moins qu'il ne lui soit présenté une caution solvable.

A défaut de consignation ou de caution, la voiture est retenue jusqu'à ce qu'il ait été statué sur le procès-verbal. Les frais qui en résultent sont à la charge du propriétaire.

Le contrevenant est tenu d'élire domicile dans le département du lieu où la contravention a été constatée ; à défaut d'élection de domicile, toute notification lui sera valablement faite au secrétariat de la commune dont le maire aura arbitré l'amende ou les frais de réparation.

21. Lorsqu'une voiture est dépourvue de plaque, et que le propriétaire n'est pas connu, il est procédé conformément aux trois premiers paragraphes de l'article précédent.

Il en est de même dans le cas de procès-verbal dressé à raison de l'un des délits prévus à l'art. 8.

Il sera procédé de la même manière à l'égard de tout conducteur de voiture de roulage ou de messageries inconnu dans le lieu où il serait pris en contravention, et qui ne serait pas régulièrement muni d'un passeport, d'un livret ou d'une feuille de route, à moins qu'il ne justifie que la voiture appartient à une entreprise de roulage ou de messageries, ou qu'il ne résulte des lettres de voiture ou des autres papiers qu'il aurait en sa possession, que la voiture appartient à celui dont le domicile serait indiqué sur la plaque.

22. Le procès-verbal est adressé, dans les deux jours de l'enregistrement, au sous-préfet de l'arrondissement.

Le sous-préfet le transmet, dans les deux jours de sa réception, au préfet, s'il s'agit d'une contravention de la compétence des conseils de préfecture, ou au procureur de la république, s'il s'agit d'une contravention de la compétence des tribunaux.

23. S'il s'agit d'une contravention de la compétence du conseil de préfecture, copie du procès-verbal, ainsi que de l'affirmation, quand elle est prescrite, est notifiée avec citation, par la voie administrative, au domicile du propriétaire, tel qu'il est indiqué sur la plaque, ou tel qu'il a été déclaré par le contrevenant, et, quand il y a lieu, à celui du conducteur.

Cette notification a lieu dans le mois de l'enregistrement, à peine de déchéance.

Le délai est étendu à deux mois, lorsque le contrevenant n'est pas domicilié dans le département où la contravention a été constatée ; il est étendu à un an, lorsque le domicile du contrevenant n'a pas pu être constaté au moment du procès-verbal.

Si le domicile du conducteur est resté inconnu, toute notification qui lui est faite au domicile du propriétaire est valable.

24. Le prévenu est tenu de produire, dans le délai de trente jours, ses moyens de défense devant le conseil de préfecture.

Ce délai court à compter de la date de la notification du procès-verbal ; mention en est faite dans ladite notification.

A l'expiration du délai fixé, le conseil de préfecture prononce, lors même que les moyens de défense n'auraient pas été produits.

Son arrêté est notifié au contrevenant, dans la forme administrative, dix jours au moins avant toute exécution. Si la condamnation a été prononcée par défaut, la notification faite au domicile énoncé sur la plaque est valable.

L'opposition à l'arrêté rendu par défaut devra être formée dans le délai de quarante jours, à compter de la date de la notification.

25. Le recours au conseil d'Etat contre l'arrêté du conseil de préfecture peut avoir lieu par simple mémoire déposé au secrétariat général de la préfecture, ou à la sous-préfecture, et sans l'intervention d'un avocat au conseil d'Etat.

Il sera délivré au déposant récépissé du mémoire, qui devra être immédiatement transmis par le préfet.

Si le recours est formé au nom de l'administration, il devra l'être dans les trois mois de la date de l'arrêté.

26. L'instance à raison des contraventions de la compétence des conseils de préfecture est périmée par six mois, à compter de la date du dernier acte des poursuites, et l'action publique est éteinte, à moins de fausses indications sur la plaque, ou de fausses déclarations, en cas d'absence de plaque.

27. Les amendes se prescrivent par une année, à compter de la date de l'arrêté du conseil de préfecture, ou à compter de la décision du conseil d'Etat, si le pourvoi a eu lieu.

En cas de fausses indications sur la plaque, ou fausse déclaration de nom ou de domicile, la prescription n'est acquise qu'après cinq années.

28. Lorsque le procès-verbal constatant le délit ou la contravention a été dressé par l'un des agents désignés au paragraphe 1er de l'art. 15, le tiers de l'amende prononcée appartient audit agent, à moins qu'il ne s'agisse d'une contravention ou d'un délit prévu aux articles 10 et 11.

Les deux autres tiers sont attribués soit au trésor public, soit au département, soit aux communes intéressées, selon que la contravention ou le dommage concerne une route nationale, une route départementale ou un chemin vicinal de grande communication. Il en est de même du total des frais de réparation réglés en vertu de l'art. 9, ainsi que du total de l'amende, lorsqu'il n'y a pas lieu d'appliquer les dispositions du paragraphe premier du présent article.

TITRE IV.

29. Sont et demeurent abrogés, à dater de la promulgation de la présente loi : la loi du 29 floréal an x, relative à la police du roulage;

La loi du 7 ventôse an xii (27 février 1804);

Le décret du 23 juin 1806 ;

Ainsi que toutes les autres dispositions contraires à celles de la présente loi.

.   .   .   .

.   .   .   .

PROCÈS-VERBAUX.

Les procès-verbaux de contravention doivent être adressés au préfet (sous-préfet dans les arrondissements) ; ils sont ensuite notifiés par le soin des bureaux aux contrevenants, avec citation devant le conseil de préfecture, et invitation de fournir des moyens de défense écrits dans le délai d'un mois (voir l'article 24 de la loi du 30 mai 1851, page 139), en faisant connaître, en même temps, s'ils entendent user du droit de présenter des observations orales.

La notification et la citation sont faites dans la forme administrative.

Les moyens de défense sont rédigés sur papier timbré (conformément à l'article 12 de la loi du 13 brumaire an VII); ils sont signés par le contrevenant ou son mandataire et déposés au greffe du conseil.

Il est dressé acte de la notification et de la citation qui seront faites dens la forme administrative.

(Voir l'article 8 du décret du 12 juillet 1865.)

Les dossiers sont ensuite transmis au conseil de préfecture.

À leur arrivée au greffe, ils sont timbrés et enregistrés et le rapporteur est désigné. Il prescrit, après avoir pris l'avis du conseil, les formalités qui n'auraient pas été remplies.

Lorsque l'affaire est mise au rôle les parties sont averties du jour de l'audience.

(Voir les articles 1, 2, 9, 10 et 11 du décret du 12 juillet 1865, pages 22 et 23.)

Les contrevenants qui n'auraient pas produit des

moyens de défense, dans le délai déterminé, seront jugés par défaut, excepté dans le cas où ils se présenteraient à l'audience.

Après la décision du conseil, les dossiers sont transmis aux bureaux de la préfecture qui font notifier l'expédition de l'arrêté au contrevenant.

Le produit des amendes est versé au bureau des domaines.

Si la condamnation porte des frais pour réparation d'avarie, le montant doit en être versé à la caisse du trésorier-payeur général.

L'opposition aux arrêtés rendus par défaut pour les contraventions à la police du roulage doit être formée dans le délai de quarante jours, à compter de la notification. La loi n'a pas fixé de délai pour les autres contraventions.

(Voir l'article 24 de la loi du 30 mai 1851, page 139.)

Le recours au Conseil d'Etat relatif aux amendes prononcées par le Conseil a lieu dans les formes **qui sont** prescrites pour la police du roulage, article 25 de la loi du 30 mai 1851, page 139.)

PRESCRIPTION.

La prescription du procès-verbal est annuelle, conformément à l'article 640 du Code d'instruction criminelle.

La prescription de l'amende a lieu après une année, à

compter de la date de l'arrêté du conseil de préfecture. (Loi du 30 mai 1851, art. 27, page 140.)

DESSÉCHEMENT DES MARAIS.

La conservation des travaux de desséchement appartients aux conseils de préfecture. Ils statuent comme en matière de grande voirie. (Voir la loi du 16 septembre 1807, page 93, article 27.)

TABACS.

Extrait de la loi du 28 avril 1816.

ART. 198. Le compte du cultivateur de tabac sera déchargé des quantités ou nombre dont la détérioration ou la destruction sur pied aura été constatée, et de ceux du tabac avarié depuis la récolte qu'il aura présenté au bureau, et qui aura été détruit, conformément à l'article précédent.

199. Lors de la livraison, le compte du cultivateur de tabac sera balancé. En cas de déficit, il sera tenu de payer la valeur des quantités manquantes, d'après le mode arrêté par le préfet, aux taux du tabac de cantine.

200. les sommes dues par les cultivateurs, en vertu de l'article précédent, seront recouvrées dans la forme des impositions directes, sur un état dressé par le directeur des contributions indirectes rendu exécutoire par le préfet.

201. Les cultivateurs seront recevables, pendant un mois, à porter devant le conseil de préfecture leurs réclamations contre le résultat de leur décompte. Le conseil de préfecture devra prononcer dans les deux mois.

Les demandes en décharge ou réduction relatives aux amendes encourues par les cultivateurs de tabacs, pour manquants constatés dans leur récolte sont de la compétence du conseil. La répression des autres infractions à la loi du 28 avril 1816, sur la culture du tabac, appartient aux tribunaux correctionnels.

Les réclamations doivent être faites dans le délai d'un mois et rédigées sur papier timbré ; elles sont adressées au Préfet, qui, après avoir pris l'avis du Directeur des tabacs, les transmet au conseil de préfecture.

Lorsque l'affaire est arrivée au greffe, il est procédé conformément aux articles 2, 9, 10, 11 et 12 du décret du 12 juillet 1865, pages 20, 21 et 22.

Les arrêtés du conseil de préfecture sont notifiés administrativement. Le recours au Conseil d'Etat peut avoir lieu comme en matière de contributions.

NOTE.

Bien que les sommes payées par les cultivateurs de tabacs, pour les manquants constatés, lors de la livraison de leur récolte, soient considérées comme un décompte, elles ont aussi le caractère d'amendes ; c'est pourquoi nous avons classé ces sortes d'affaires, par assimilation, dans le chapitre des contraventions.

DES ÉLECTIONS.

Extrait du décret réglementaire pour l'élection
au Corps Législatif, du 2 février 1852.

TITRE PREMIER.

RÉVISION ANNUELLE DES LISTES ÉLECTORALES.

Art. 1er. La révision annuelle des listes électorales s'opère conformément aux règles qui suivent :

Du 1er au 10 janvier de chaque année, le maire de chaque commune ajoute à la liste des citoyens qu'il reconnaît avoir acquis les qualités exigées par la loi, ceux qui acquerront les conditions d'âge et d'habitation avant le 1er avril et ceux qui auront été précédemment omis.

Il en retranche : 1° les individus décédés ; 2° ceux dont la radiation a été ordonnée par l'autorité compétente ; 3° ceux qui ont perdu les qualités requises par la loi ; 4° ceux qu'il connaît avoir été indûment inscrits , quoique leur inscription n'ait point été attaquée. Il tient un registre de toutes ces décisions, et y mentionne les motifs et les pièces à l'appui.

2. Le tableau contenant les additions et retranchements faits par le maire à la liste électorale, est déposé, au plus tard le 15 janvier, au secrétariat de la commune.

Ce tableau sera communiqué à tout requérant, qui pourra le recopier et le reproduire par la voie de l'impression. Le jour même de ce dépôt, avis en sera donné par affiches aux lieux accoutumés.

3. Une copie du tableau et du procès-verbal constatant l'accomplissement des formalités prescrites par l'arrêté précité sera en même temps transmise au sous-préfet de l'arrondissement, qui l'adressera, dans les deux jours, avec ses observations, au préfet du département.

10

4. Si le préfet estime que les formalités et les délais prescrits par la loi n'ont pas été observés, il devra, dans les deux jours de la réception du tableau, déférer les opérations du maire au conseil de préfecture du département, qui statuera dans les trois jours, et fixera, s'il y a lieu, le délai dans lequel les opérations annulées devront être refaites.

Extrait de la loi du 22 juin 1833.

Art. 48. Le bureau statue provisoirement sur les difficultés qui s'élèvent au sujet des opérations de l'assemblée.

50. Les procès-verbaux des opérations des assemblées remis par les présidents sont, par l'intermédiaire du sous-préfet, transmis au préfet, qui, s'il croit que les conditions et les formalités légalement prescrites n'ont pas été observées, doit, dans le délai de quinze jours à dater de la réception du procès-verbal, déférer le jugement de la nullité au conseil de préfecture, lequel prononcera dans le mois.

51. Tout membre de l'assemblée électorale a le droit d'arguer ses opérations de nullité. Si la réclamation n'a pas été consignée au procès-verbal, elle est déposée dans le délai de cinq jours, à partir du jour de l'élection, au secrétariat de la sous-préfecture, et jugée, sauf recours, par le conseil de préfecture, dans le délai d'un mois à compter de sa réception à la préfecture.

52. Si la réclamation est fondée sur l'incapacité légale d'un ou de plusieurs membres élus, la question est portée devant le tribunal de l'arrondissement, qui statue, sauf l'appel. L'acte d'appel devra, sous peine de nullité, être notifié dans les dix jours à la partie, quelle que soit la distance des lieux. La cause sera jugée sommairement et conformément au § 4 de l'article 33 de la loi du 19 avril 1831.

53. Le recours au Conseil d'Etat sera exercé par la voie contentieuse, jugé publiquement et sans frais.

54. Le recours devant le Conseil d'Etat sera suspensif lorsqu'il sera exercé par le conseiller élu.

L'appel des jugements des tribunaux ne sera pas suspensif lorsqu'il sera interjeté par le préfet.

Rien n'est changé à la procédure en matière électorale , sauf là faculté de présenter des observations
orales à la séance.

La circulaire explicative du décret du 12 juillet 1865,
nous confirme dans cette opinion.

On lit en effet à la page 25 :

« Une observation qu'il importe de ne pas perdre de
« vue dans l'application de ce décret , c'est qu'il ne
« modifie en rien la procédure établie par des lois
« spéciales, dans certaines matières. »

La réclamation et les pièces produites à l'appui sont
dispensées du timbre, conformément à l'art. 13 de la
loi du 15 mars 1849.

Les parties sont averties du jour de la séance, conformément à l'article 12 du décret du 12 juillet 1865.

LOGEMENTS INSALUBRES.

Loi relative à l'assainissement des Logements insalubres.
(19 janvier, 7 mars et 13 avril 1850).

L'ASSEMBLÉE NATIONALE A ADOPTÉ LA LOI dont la teneur suit :
ART. 1er. Dans toute commune où le conseil municipal l'aura
déclaré nécessaire par une délibération spéciale, il nommera une
commission chargée de rechercher et indiquer les mesures indis-

pensable d'assainissement des logements et dépendances insalubres mis en location ou occupés par d'autres que le propriétaire, l'usufruitier ou l'usager,

Sont réputés insalubres les logements qui se trouvent dans des conditions de nature à porter atteinte à la vie ou à la santé de leurs habitants.

2. La commission se composera de neuf membres au plus, et de cinq au moins.

En feront nécessairement partie un médecin, et un architecte ou tout autre homme de l'art, ainsi qu'un membre du bureau de bienfaisance et du conseil des prud'hommes, si ces institutions existent dans la commune.

La présidence appartient au Maire ou à l'adjoint.

Le médecin et l'architecte pourront être choisis hors de la commune.

La commission se renouvelle tous les deux ans par tiers; les membres sortants sont indéfiniment rééligibles.

A Paris, la commission se compose de douze membres.

3. La commission visitera les lieux signalés comme insalubres. Elle déterminera l'état d'insalubrité, et en indiquera les causes ainsi que les moyens d'y remédier. Elle désignera les logements qui ne seraient pas susceptibles d'assainissement.

4. Les rapports de la commission seront déposés au secrétariat de la mairie, et les parties intéressées mises en demeure d'en prendre communication et de produire leurs observations dans le délai d'un mois.

5. A l'expiration de ce délai, les rapports et observations seront soumis au conseil municipal, qui déterminera :

1° Les travaux d'assainissement et les lieux où il devront être entièrement ou partiellement exécutés, ainsi que les délais de leur achèvement;

2° Les habitations qui ne sont pas susceptibles d'assainissement.

6. Un recours est ouvert aux intéressés contre ces décisions devant le conseil de préfecture, dans le délai d'un mois à dater de la notification de l'arrêté municipal. Ce recours sera suspensif.

7. En vertu de la décision du conseil municipal ou de celle du conseil de préfecture, en cas de recours, s'il a été reconnu que

les causes d'insalubrité sont dépendantes du fait du propriétaire ou de l'usufruitier, l'autorité municipale lui enjoindra, par mesure d'ordre et de police, d'exécuter les travaux jugés nécessaires.

8. Les ouvertures pratiquées pour l'exécution des travaux d'assainissement seront exemptées pendant trois ans de la contribution des portes et fenêtres.

9. En cas d'inexécution, dans les délais déterminés, des travaux jugés nécessaires, et si le logement continue d'être occupé par un tiers, le propriétaire ou l'usufruitier sera passible d'une amende de seize francs à cent francs. Si les travaux n'ont pas été exécutés dans l'année qui aura suivi la condamnation, et si le logement insalubre a continué d'être occupé par un tiers, le propriétaire ou l'usufruitier sera passible d'une amende égale à la valeur des travaux, et pouvant être élevée au double.

10. S'il est reconnu que le logement n'est pas susceptible d'assainissement, et que les causes d'insalubrité sont dépendantes de l'habitation elle-même, l'autorité municipale pourra, dans le délai qu'elle fixera, en interdire provisoirement la location à titre d'habitation.

L'interdiction absolue ne pourra être prononcée que par le conseil de préfecture, et, dans ce cas, il y aura recours de sa décision devant le Conseil d'état.

Le propriétaire ou l'usufruitier qui aura contrevenu à l'interdiction prononcée sera condamné à une amende de seize à cent francs, et, en cas de récidive dans l'année, à une amende égale au double de la valeur locative du logement interdit.

11. Lorsque, par suite de l'exécution de la présente loi, il y aura lieu à résiliation des baux, cette résiliation n'emportera en faveur du locataire aucuns dommages intérêts.

12. L'article 463 du Code pénal sera applicable à toutes les contraventions ci-dessus indiquées.

13. Lorsque l'insalubrité est le résultat de causes extérieures et permanentes, ou lorsque ces causes ne peuvent être détruites que par des travaux d'ensemble, la commune pourra acquérir, suivant les formes et après l'accomplissement des formalités prescrites par la loi du 3 mai 1841, la totalité des propriétés comprises dans le périmètre des travaux.

Les portions de ces propriétés qui, après l'assainissement opéré, resteraient en dehors des alignements arrêtés pour les nouvelles constructions, pourront être revendues aux enchères publiques, sans que, dans ce cas, les anciens propriétaires ou leurs ayants droit puissent demander l'application des articles 60 et 61 de la loi du 3 mai 1841.

14 Les amendes prononcées en vertu de la présente loi seront attribuées en entier au bureau ou établissement de bienfaisance de la localité où sont situées les habitations à raison desquelles ces amendes auront été encourues.

Les oppositions aux décisions des conseils municipaux, relativement aux logements insalubres, sont soumises au conseil de préfecture.

(Voir l'article 6 de la loi ci-dessus, page 148.)

Ces oppositions doivent être formées pendant le mois qui suivra la notification de l'arrêté municipal et dans les formes usitées en matière de travaux publics.

Les conseils prononcent l'interdiction des logements insalubres et condamnent à une amende de 16 à 100 fr. si leur décision n'est pas exécutée.

(Voir l'article 9 de la loi ci-dessus.)

Dans ce dernier cas, la procédure à suivre est la même que pour les contraventions.

COMPTABILITÉ.

En matière de comptabilité, les conseils de préfecture statuent sur les comptes des communes, des établissements de bienfaisance et des syndicats.

Ces affaires font partie du contentieux ; mais par exception elles ne sont pas jugées en séance publique (1).

La forme et les délais pour la présentation des comptes de gestions ont été modifiés par le décret du 27 janvier 1866, que l'on trouve ci-après, page 154.

Le pourvoi à la Cour des comptes contre les arrêtés des comptes de gestion doit avoir lieu dans les trois mois de la notification de l'arrêté du conseil.

La requête est rédigée sur papier timbré.

———

Les receveurs des communes ou des établissements de bienfaisance dont le revenu ordinaire a excédé 30,000 fr. pendant les trois dernières années, sont justiciables de la Cour des comptes.

Rapport à l'Empereur sur la comptabilité des communes et des établissements de bienfaisance.

Paris, le 27 janvier 1866.

SIRE,

Je crois répondre aux intentions de l'Empereur en lui soumettant un projet de décret relatif à la simplification de la comptabilité des communes et des établissements de bienfaisance.

D'après le mode de procéder aujourd'hui en vigueur, chaque année, le maire et le receveur présentent au conseil municipal, dans la session de mai, l'un son compte administratif coutenant l'exécution complète du budget du dernier exercice, clos au 31 mars précédent;

(1) *Voir* l'art. 10 de la loi du 21 juin 1865, page 18.

l'autre son compte de gestion arrêté au 31 décembre de l'année expirée et comprenant, dans une première partie, les opérations des trois mois complémentaires de l'avant-dernier exercice, clos depuis treize mois, et, dans une seconde partie, les opérations des douze premiers mois seulement de l'exercice suivant.

Ce défaut de concordance entre deux documents qui devraient se rapporter exactement aux mêmes faits et se contrôler l'un l'autre jette dans l'esprit des assemblées municipales une confusion qui leur en rend l'examen très-difficile; il crée d'ailleurs de grandes complications dans l'établissement des comptes et de longs retards dans leur apurement. Aussi le système actuel a-t-il suscité de nombreuses réclamations de la part des préfets, des conseils généraux, des conseils municipaux et des comptables.

Après avoir examiné si, afin de satisfaire à ces réclamations, il ne serait pas possible de trouver, pour le compte des receveurs, une combinaison qui offrît les avantages d'un compte par exercice sans diminuer en rien les garanties que présente au contrôle judiciaire l'unité de gestion annuelle, j'ai reconnu qu'on atteindrait ce but en appliquant à la comptabilité municipale quelques-unes des dispositions du décret du 12 août 1854 concernant les opérations des comptables du Trésor, notamment celle qui prescrit de rapprocher, autant que possible, la formation et la présentation des comptes de l'accomplissement même des faits. Tel est l'objet de l'article 1er du projet de décret ci-joint.

Ainsi il serait rendu un compte spécial des opérations des trois mois complémentaires de l'exercice communal aussitôt après sa clôture. Ce compte et celui de la gestion déterminée qui contient les douze premiers mois du même exercice seraient réunis dans une formule unique, en maintenant, toutefois, la distinction des gestions; on aurait, dès lors, un document complet qui présenterait l'exécution entière du budget, comme le compte administratif du maire, dont il confirmerait les résultats.

D'un autre côté, cette mesure permettrait à l'autorité compétente de statuer sur les opérations des trois mois complémentaires de l'exercice en même temps que sur les opérations des douze premiers mois, c'est-à-dire un an plutôt qu'aujourd'hui.

En troisième lieu, il y aurait pour les comptables une grande économie de travail par la production simultanée de toutes les justifications de l'exercice, lesquelles sont aujourd'hui l'objet de deux productions faites à un an d'intervalle, et par la suppression : 1° de la transcription dans le compte de gestion, du budget primitif et du budget supplémentaire de l'exercice précèdent : 2° d'une copie de ces mêmes budgets ; 3° de l'état général des recettes du nouvel exercice, mentionné à l'article 1543 de l'instruction générale ; 4° des extraits des pièces de dépenses prescrits par le même article.

Ces modifications simplifieraient la tâche de tous ceux qui sont appelés à examiner les comptes, c'est-à-dire les conseils municipaux, les receveurs des finances et l'autorité chargée du jugement.

La vérification des comptes par les receveurs des finances, l'époque de leur présentation à la Cour des comptes et aux conseils de préfecture, la forme des arrêts ou arrêtés, leur notification aux comptables sont réglées par les articles 3, 4 et 5 du décret.

Les dispositions projetées seraient naturellement applicables aux comptes concernant les établissements de bienfaisance, dont la comptabilité est régie par les mêmes règles que celle des communes, ainsi qu'aux comptes des associations syndicales, assimilés par la loi du 21 juin 1865 aux comptes des receveurs municipaux.

Avant de proposer à la sanction de Votre Majesté le projet de décret ci-joint, j'ai voulu consulter la Cour des comptes et fortifier mes convictions de l'autorité qui s'attache à si juste titre aux opinions de cette haute magistrature. La Cour a reconnu les avantages de la réforme projetée et m'a soumis diverses observations dont je ne manquerai pas de tenir compte dans l'application.

J'ai également appelé à exprimer leur avis sur ce projet, les préfets, les receveurs des finances, les receveurs municipaux et hospitaliers les plus exercés de trente départements, ainsi que le président du conseil de préfecture de la Seine et le directeur de l'assistance publique de Paris ; tous y ont donné leur adhésion la plus complète.

Enfin, mon collègue au département de l'Intérieur, appréciant l'utilité du nouveau système, a délaré qu'il y donnait son plein assentiment.

C'est donc avec une entière confiance que j'ai l'honneur de soumettre à la signature de l'Empereur le décret ci-joint dont les dispositions réalisent une notable amélioration dans une des branches les plus importantes de l'administration financière du pays.

Je suis avec un profond respect,

SIRE,

De Votre Majesté

Le très-humble, très-obéissant serviteur et fidèle sujet,

Le Ministre des finances, signé : ACHILLE FOULD.

DÉCRET.

NAPOLÉON, par la grâce de Dieu et la volonté nationale, EMPEREUR DES FRANÇAIS, à tous présents et à venir, SALUT :

Vu la loi du 18 juillet 1837 sur l'administration municipale ;

Vu les ordonnances royales des 23 avril, 1823, 28 décembre 1830, 22 janvier 1831, 1er mars 1835, 17 septembre 1837 et 24 janvier 1843, relatives à la comptabilité des communes et des établissements de bienfaisance ;

Vu la loi du 16 septembre 1807 et le décret du 28 du même mois, contenant organisation de la Cour des comptes ;

Vu le décret du 12 août 1854 relatif à la division en deux parties des comptes de gestion des comptables directs du Trésor ; l'instruction générale du ministère des finances en date du 20 juin 1859, et le décret du 31 mai 1862 portant règlement général de la comptabilité publique ;

Vu l'article 16 de la loi du 21 juin 1865 sur les associations syndicales ;

Vu les délibérations de notre Cour des comptes en date des 28 juillet 1865 et 5 janvier 1866 ;

Considérant qu'il convient de mettre d'accord les comptes de gestion des receveurs municipaux comprenant aujourd'hui les opérations d'une fraction de deux exercices différents, avec les comptes administratifs des maires, lesquels présentent les faits des quinze mois d'un même exercice ;

Considérant qu'à cet effet, il suffira, d'une part, d'appliquer à la comptabilité municipale la disposition du décret du 12 août 1854, concernant la comptabilité de l'État, qui veut que les opérations complémentaires de l'exercice expiré soient soumises aux juges aussitôt que possible, et d'autre part, de faire comprendre ces opérations, par les receveurs, dans le même document que les opérations des douze premiers mois, tout en conservant la distinction des gestions ;

Considérant que cette mesure aura d'ailleurs pour effet d'apporter une grande simplification, et par suite, une grande économie de temps dans la préparation et l'examen des comptes, au grand avantage d'autres parties du service ;

Considérant qu'il importe de notifier promptement aux receveurs municipaux et hospitaliers les arrêts et arrêtés statuant sur leurs comptes ;

Considérant qu'il doit être procédé à l'apurement des comptes des associations syndicales d'après les règles établies pour les comptes des receveurs municipaux ;

Sur la proposition de notre ministre secrétaire d'État au département des finances,

Nous avons décrété et décrétons ce qui suit :

Art. 1er. Les receveurs des communes et des établissements de bienfaisance établiront le compte des opérations complémentaires de chaque exercice aussitôt après sa clôture, et comprendront ces opérations dans le même document que le compte des opérations des douze premiers mois, auxquelles elles seront réunies pour présenter des résultats qui concordent avec ceux du compte du maire.

2. Les opérations des deux périodes de l'exercice clos, appuyées de toutes les justifications, seront disposées, d'une manière distincte, par gestion, et suivies : 1° de la situation du comptable envers la commune ou l'établissement au 31 décembre, de telle sorte que l'excédant de recette à cette époque, étant reporté en tête du compte suivant, les comptes soient liés les uns aux autres sans interruption, selon le vœu des règlements ; 2° du résultat final de l'exercice au moment de sa clôture, lequel résultat sera également reporté en tête du compte suivant et compris dans la situation du receveur au 31 décembre.

3. Les comptes seront avant d'être soumis aux conseils municipaux ou aux commissions hospitalières, vérifiés et certifiés exacts

dans leurs résultats par les receveurs des finances. Ils seront ensuite vérifiés sur pièces, d'une manière approfondie, par les mêmes comptables, avant leur présentation aux juges, laquelle aura lieu avant le 1er septembre.

4. Les opérations des deux périodes de l'exercice seront pour les comptes soumis à la juridiction de la Cour des comptes vérifiées par le même conseiller référendaire.

Le même conseiller maître sera également chargé du rapport des deux parties de l'exercice.

5. Les arrêts de la Cour et les arrêts du conseil de préfecture sur les comptes des receveurs des communes et des établissements de bienfaisance seront notifiés par l'entremise des receveurs des finances.

. Ces comptables devront, dans un délai de quinze jours, transmettre au greffier en chef de la Cour des Comptes le récépissé constatant la notification faite aux justiciables de cette Cour.

La notification sera faite simultanément et sous forme de tableau pour toutes les communes et tous les établissements de bienfaisance d'une même perception dont les comptes seront jugés par le conseil de préfecture.

6. Il sera rendu un compte spécial pour les opérations complémentaires de l'exercice 1864.

7. Les comptes des trésoriers des associations syndicales sont soumis aux mêmes règles que les comptes des receveurs municipaux.

8. Sont et demeurent abrogées toutes les dispositions contraires au présent décret.

9. Nos ministres secrétaires d'Etat au département des finances, au département de l'intérieur et au département de l'agriculture, du commerce et des travaux publics sont chargés, chacun en ce qui le concerne, de l'exécution du présent décret.

Fait au palais des Tuileries, le 27 janvier 1866.

Signé : NAPOLÉON.

Par l'Empereur,

Le Ministre des finances, Signé : Achille Fould.

CURES ET MENSES ÉPISCOPALES.

—

Extrait du titre Ier de la section II du décret du 6 novembre 1813.

DE L'ADMINISTRATION DES BIENS DES CURES PENDANT LA VACANCE.

Art. 24. Dans tous les cas de vacance d'une cure, les revenus de l'année courante appartiendront à l'ancien titulaire ou à ses héritiers, jusqu'au jour de l'ouverture de la vacance, et au nouveau titulaire, du jour de sa nomination.

Les revenus qui auront eu cours du jour de l'ouverture de la vacance jusqu'au jour de la nomination seront mis en réserve dans la caisse à trois clefs, pour subvenir aux grosses réparations qui surviendront dans les bâtiments appartenant à la dotation, conformément à l'article 13.

25. Le produit des revenus pendant l'année de la vacance sera constaté par les comptes que rendront le trésorier pour le temps de la vacance, et le nouveau titulaire pour le reste de l'année ; ces comptes porteront ce qui aurait été reçu par le précédent titulaire pour la même année, sauf reprise contre la succession, s'il y a lieu.

26. Les contestations sur les comptes ou répartitions de revenus, dans les cas indiqués aux articles précédents, seront décidés par le conseil de préfecture.

———

La procédure à suivre pour l'introduction des instances dans les contestations ci-dessus désignées, est la même qu'en matière contentieuse ordinaire.

———

DES ÉTABLISSEMENTS PUBLICS D'ALIÉNÉS.

—

Extrait de la loi du 30 juin 1838.

ART. 28. A défaut, ou en cas d'insuffisance des ressources énoncées en l'article précédent, il y sera pourvu sur les centimes affectés, par la loi de finances, aux dépenses ordinaires du département auquel l'aliéné appartient, sans préjudice du concours de la commune du domicile de l'aliéné, d'après les bases proposées par le conseil général sur l'avis du préfet, et approuvées par le Gouvernement.

Les hospices seront tenus à une indemnité proportionnée au nombre des aliénés dont le traitement ou l'entretien était à leur charge, et qui seraient placés dans un établissement spécial d'aliénés.

En cas de contestation il sera statué par le conseil de préfecture.

———

Pour les contestations prévues à l'art. 28 ci-dessus, suivre la procédure usitée en matière contentieuse ordinaire.

DEUXIÈME PARTIE.

AFFAIRES NON CONTENTIEUSES.

Des autorisations de plaider nécessaires aux Communes , Établissements de bienfaisance , Fabriques des églises et Consistoires.

Extrait de la loi du 18 juillet 1837.

TITRE V.

DES ACTIONS JUDICIAIRES.

Art. 49. Nulle commune ou section de commune ne peut introduire une action en justice sans être autorisée par le conseil de préfecture.

Après tout jugement intervenu, la commune ne peut se pourvoir devant un autre degré de juridiction qu'en vertu d'une nouvelle autorisation du conseil de préfecture.

Cependant tout contribuable inscrit au rôle de la commune a le droit d'exercer à ses frais et risques , avec l'autorisation du conseil de préfecture, les actions qu'il croirait appartenir à la commune ou section, et que la commune ou section, préalablement appelée à délibérer, aurait refusé ou négligé d'exercer.

La commune ou section sera mise en cause, et la décision qui interviendra aura effet à son égard.

50. La commune, section de commune, ou le contribuable auquel l'autorisation aura été refusée pourra se pourvoir devant le roi en Conseil d'Etat. Le pourvoi sera introduit et jugé en la forme administrative ; il devra, à peine de déchéance, avoir lieu dans le délai de trois mois à dater de la notification de l'arrêté du conseil de préfecture.

51. Quiconque voudra intenter une action contre une commune ou section de commune sera tenu d'adresser préalablement au préfet un mémoire exposant les motifs de sa réclamation ; il lui en sera donné récépissé.

La présentation interrompra la prescription et toutes déchéances.

Le préfet transmettra le mémoire au maire, avec l'autorisation de convoquer immédiatement le conseil municipal pour en délibérer.

52. La délibération du conseil municipal sera, dans tous les cas, transmise au conseil de préfecture, qui décidera si la commune doit être autorisée à ester en jugement.

La décision du conseil de préfecture devra être rendue dans le délai de deux mois, à partir de la date du récépissé énoncé en l'article précédent.

53. Toute décision du conseil de préfecture portant refus d'autorisation devra être motivée.

En cas de refus de l'autorisation, le maire pourra, en vertu d'une délibération du conseil municipal, se pourvoir devant le roi, en son Conseil d'Etat, conformément à l'article 50 ci-dessus.

Il devra être statué sur le pourvoi dans le délai de deux mois, à partir du jour de son enregistrement au secrétariat général du conseil d'Etat.

54. L'action ne pourra être intentée qu'après la décision du conseil de préfecture, et, à défaut de décision dans le délai fixé par l'article 52, qu'après l'expiration de ce délai.

En cas de pourvoi contre la décision du conseil de préfecture, l'instance sera suspendue jusqu'à ce qu'il ait été statué sur le pourvoi, et, à défaut de décision dans le délai fixé par l'article précédent, jusqu'à l'expiration de ce délai.

En aucun cas, la commune ne pourra défendre à l'action qu'autant qu'elle y aura été expressément autorisée.

55. Le maire peut toutefois, sans autorisation préalable, intenter toute action possessoire ou y défendre, et faire tous autres actes conservatoires ou interruptifs des déchéances.

56. Lorsqu'une section est dans le cas d'intenter ou de soutenir une action judiciaire contre la commune elle-même, il est formé pour cette section une commission syndicale de trois ou cinq membres, que le préfet choisit parmi les électeurs municipaux, et, à leur défaut, parmi les citoyens les plus imposés.

Les membres du corps municipal qui seraient intéressés à la jouissance des biens ou droits revendiqués par la section ne doivent point participer aux délibérations du conseil municipal relatives au litige.

Ils seront remplacés, dans toutes ces délibérations, par un nombre égal d'électeurs municipaux de la commune, que le préfet choisira parmi les habitants ou propriétaires étrangers à la section.

L'action est suivie par celui de ses membres que la commission syndicale désigne à cet effet.

57. Lorsqu'une section est dans le cas d'intenter ou de soutenir une action judiciaire contre une autre section de la même commune, il sera formé, pour chacune des sections intéressées, une commission conformément à l'article précédent.

58. La section qui aura obtenu une condamnation contre la commune, ou contre une autre section, ne sera point passible des charges ou contributions imposées pour l'acquittement des frais et dommages-intérêts qui résulteraient du fait du procès.

———————

Les autorisations de plaider sont données par le conseil de préfecture aux communes et établissements intéressés, sur la demande des particuliers qui ont une action à intenter, ou sur l'initiative des conseils municipaux, des commissions administratives, des conseils de fabrique et des consistoires.

11

Les demandes des particuliers doivent être rédigées sur timbre ; elles continuent d'être adressées au préfet, en conformité de l'article 51 ci-dessus.

Il importe de signaler ici une erreur dans laquelle tombent fréquemment les demandeurs dans la rédaction de leur mémoire. Ils sollicitent pour eux-mêmes l'autorisation de plaider tandis que ce mémoire n'a pour objet que d'avertir l'autorité de l'action qui va être formée, afin qu'elle puisse mettre la commune ou l'établissement attaqué en mesure de se défendre, sauf le cas prévu à l'art. 49, 3° §, page 159.

Sur la communication du mémoire par le préfet, le maire ou les présidents des commissions administratives, des conseils de fabriques et des consistoires convoquent immédiatement le conseil municipal ou ces assemblées pour en délibérer, et le mémoire est ensuite renvoyé à la préfecture avec la délibération intervenue et l'avis du comité consultatif des communes ou des établissements de l'arrondissement.

Les délibérations des commissions administratives, des conseils de fabrique et des consistoires doivent toujours, aux termes de l'article 21 de la loi du 18 juillet 1837, être accompagnées de l'avis du conseil municipal.

Aucune loi ne rend obligatoire la production de l'avis du comité consultatif. Ce document est pourtant de la plus grande utilité pour éclairer le conseil de préfecture sur le mérite de certaines réclamations, et surtout quand il s'agit d'une action introduite par la commune ou l'établissement. Mais cette utilité s'amoindrit lorsque ceux-ci n'ont qu'à se défendre, l'autorisation ne pouvant leur être refusée que dans des cas très rares.

L'avis du comité consultatif n'est pas réclamé pour les grandes villes qui, comme celle de Marseille, font choix d'un avocat spécialement chargé du contentieux administratif.

Lorsque la demande d'ester en justice est formée directement par la commune ou l'établissement à l'effet d'engager une instance contre un particulier, les pièces à fournir sont les mêmes, à l'exception, bien entendu, du mémoire de ce dernier, qui n'a plus à intervenir que pour produire ses moyens de défense, sur les communications qui lui seront faites ultérieurement par le conseil de préfecture.

Si, dans le délai de deux mois, à partir du récépissé de dépôt du mémoire délivré par le préfet, en conformité de l'article 51, le conseil de préfecture n'a pas fait connaître sa décision, le demandeur pourra intenter l'action qu'il a projetée.

L'autorisation de plaider n'est nécessaire que pour les instances à introduire devant les tribunaux ordinaires; elle devient sans objet quand l'affaire est de la compétence du conseil de préfecture.

Faute d'être fixés à cet égard, les particuliers supposent assez souvent que l'intervention du conseil de

préfecture doit se borner à donner ces sortes d'autorisations et ils engagent indûment devant les tribunaux
des actions dont le conseil est appelé à connaître.
De là, l'obligation fréquente pour les préfets de proposer, au nom des communes ou établissements, des
déclinatoires pour cause d'incompétence et de pro-
voquer le renvoi de l'affaire devant le conseil de
préfecture, qui aurait dû en être saisi tout d'abord.

La commune ou l'établissement doit toujours, néanmoins, être autorisé à se faire représenter devant les
tribunaux, ne fut-ce que pour obtenir la décision d'incompétence.

Lorsque le conseil de préfecture a statué sur une
demande en autorisation de plaider, sa décision est
transmise au préfet pour être notifiée administrativement à qui de droit.

Les dispositions qui précèdent peuvent s'appliquer aux
séminaires, aux établissements ecclésiastiques et religieux
régulièrement autorisés et aux asiles publics d'aliénés.

MAINLEVÉE D'HYPOTHÈQUES
CONCERNANT LES FABRIQUES ET LES ÉTABLISSEMENTS DE BIENFAISANCE.

Décret du 11 thermidor an XII.

Les receveurs des établissements de charité ne pourront, dans
les cas où elle ne serait point ordonnée par les tribunaux, donner
mainlevée des oppositions formées pour la conservation des droits

des pauvres et des hospices, ni consentir aucune radiation, changement ou limitation d'inscriptions hypothécaires, qu'en vertu d'une décision spéciale du conseil de préfecture, prise sur une proposition formelle de l'administration et l'avis du comité consultatif établi près de chaque arrondissement communal, en exécution de l'arrêté du 7 messidor an ix.

Les demandes en radiation d'inscriptions hypothécaires sont adressées au préfet qui transmet le dossier au conseil de préfecture.

On doit y joindre :

La délibération de la commission administrative ;

L'avis du conseil municipal ;

Les titres constitutifs de la créance ;

Les bordereaux d'inscriptions hypothécaires ;

L'acte de quittance passé devant notaire ;

L'avis du comité consultatif.

L'arrêté est pris en chambre du conseil.

La décision est transmise au préfet qui la fait notifier aux parties intéressées.

COTES IRRECOUVRABLES.

Toutes les années, les percepteurs sont admis à fournir des états de cotes irrécouvrables, qu'ils doivent présenter dans les deux mois faisant suite à l'exercice écoulé.

Le préfet statue sur les états de cotes irrécouvrables pour les remises et modérations imputées sur les fonds de non-valeurs.

Le conseil ne prononce que lorsque ces états comprennent des cotes indûment imposées, ou des dégrèvements pour vacances de maisons (dans les villes de 20,000 âmes et au-dessus), excédant les ressources du fonds de non-valeurs.

Ces affaires sont jugées en chambre du conseil.

———

Quant aux demandes sur lesquelles les conseils de préfecture sont appelés à donner leur avis, nous les avons seulement mentionnées, pour ordre, à la page 27.

DE LA PRÉSENCE DES CHEFS DE SERVICE
AUX AUDIENCES PUBLIQUES.

A la suite de la circulaire du 10 décembre 1864, les ingénieurs en chef des départements et des divers services spéciaux, ont été invités à intervenir devant le conseil de préfecture dans les débats qui pouvaient concerner leur administration.

En matière de contributions directes, l'ancien mode d'instruction, en présence des observations orales des parties, s'est trouvé incomplet.

Plusieurs fois le conseil de préfecture des Bouches-du-Rhône avait pu constater combien l'absence d'un représentant de la direction des contributions directes était préjudiciable soit à l'administration, soit aux intérêts des réclamants.

Il importait, en effet, que les allégations orales fussent immédiatement rectifiées, sans être obligé de recourir constamment à des renvois qui entraînaient des lenteurs et laissaient toujours une impression fâcheuse.

M. le baron de Bellissen, auditeur au Conseil d'État, commissaire du gouvernement près le conseil de préfecture des Bouches-du-Rhône, a demandé et a obtenu que la direction des contributions directes fut représentée dans les audiences publiques.

M. le Directeur a, depuis, assisté à toutes les audiences ; ses explications nettes et catégoriques ont éclairé le conseil, et sont une précieuse garantie pour les contribuables (1).

(1) Nous devons la mise en pratique de cette mesure à M. De Gavoty, directeur à Marseille.

APPENDICE.

Nomenclature des ouvrages à consulter :

Contributions. — Fiquenel.

Droit Administratif......... Bathie.
Cabantous.
Chauveau, Adolphe.
Dufour.
Ducrocq.
Lafferière.
Serrigny.

Voirie. — Féraud-Giraud.

Contraventions. — Potiquet.

Autorisations de Plaider. — Reverchon.

TABLE

DES LOIS, DÉCRETS, CIRCULAIRES, RAPPORTS ET RÈGLEMENTS.

TABLE DES MATIÈRES.

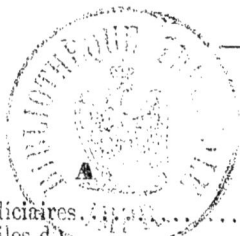

PAGES

PAGES

J

Jugement des contributions...... 84
Jugement (prononcé du) 111

L

Lettres d'avis d'audience pour contribution...................... 85
Lettres d'avis (délai dans lequel
elles doivent être données (art. 12) 22
Lettres d'avis d'audience (travaux
publics)....................... 110
Logements insalubres......147 à 150

M

Mainlevée d'hypothèques (voyez
hypothèques).
Maisons nouvellement construites
et devenues imposables (art. 2). 55
Mansardes (fenêtres des)......... 62
Mandataire en matière de contri-
bution........................ 80
Marais (desséchement).......... 87
Marais (fixation de l'étendue, de
l'espèce et de la valeur estima-
mative avant le desséchement). 88
Marais (avant et après le dessèche-
ment...................... 90
Mémoire en défense (du cas ou le
défendeur ne le déposerait pas
dans le délai fixé par le conseil 104-105
Modération de contribution...... 77
Mutation de cotes 83
Mutations relatives aux opérations
cadastrales.................... 40
Mutations des biens de mainmorte 56

N

Nombre des Conseillers dans les départements (art. 4)........... 17
Notification des décisions en matière de contributions directes . 86
Notification des décisions prises par
le conseil pour obtenir le dépôt
des moyens de défense (art 5).. 20
Notification des arrêtés interlocu-
cutoires 107
Notification des décisions définitives...................... 113

O

Observations orales (art. 2)...... 13
Observations orales en matière de
contributions.............. 81-85
Observations orales (les parties doivent être invitées à faire connaître si elles entendent user du
droit de présenter des) (art. 6).. 21
Opérations cadastrales.......... 34
Opposition aux décisions rendues
par défaut............. 111

P

Partage (le préfet à voix prépondérante) (art. 5)............. 8
Patentes...................... 63
Patente due pour l'année entière
(art. 23)................... 69
Patente payable par 12mes (art. 24) 70
Patente exigible immédiatement en
totalité (art. 25) 70
Patentables décédés........... 70
Patentes, loi des 25 avril 1844.... 63
»   18 mai 1850 73
»   10 juin 1853.... 74
»   4 juin 1858..... 75
»   2 juillet 1862.... 76
Personnelle mobilière (de la contribution)................... 57
Personnelle mobilière (par qui elle
est due) (art. 12)............. 58
Personnelle mobilière (par qui elle
est due en cas de décès du contribuable (art. 21) 59
Pénalité en matière de police du
roulage.................. 135
Pièces à joindre à des réclamations
contre la fixation des droits
de patente (art. 24)........... 69
Pièces à joindre aux demandes en
dégrèvement d'impôt — pages. 79-80
Pourvoi (voyez recours).
Portes et fenêtres (de la contribu-
tion des).................... 60
Police du roulage et des voitures
de messageries 133
Président du Conseil (art. 4)...... 17
Prestations en nature, délai des ré-
clamations................. 79
Prestation de serment......... 107
Prestations (chemins vicinaux)... 125

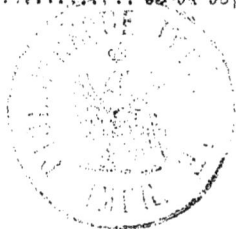

www.ingramcontent.com/pod-product-compliance
Lightning Source LLC
Chambersburg PA
CBHW060550210326
41519CB00014B/3425